U0040423

生命的河流

River of Life

七堂關於人生
的成長課

陶曉清

目錄

推薦序

推薦序

這個人很健康

亮軒 作家

太太寫了書，指定要先生寫序，此事古難為。夫妻是至親，苦樂悲歡盡在不言中，而且，也非言語之所能盡意。此書若是詩集、小說甚至於散文，寫個序從文學角度觀照，總能應付，然而自道平生事，無論篇幅短長，其中之我，若隱若現，是耶非耶，點滴在心而無法以言語道斷，真說清楚，便已非夫妻了。稿本殺青，不欲干犯，所以，只得盡可能說實話，卻也要聲明，閨房之內種種，無法實話都說。謹守就事論事之原則，一抒讀後之觀感。

陳怡安先生驟然過世，對許多人都是一大打擊，曉清也是其中之一。怡安先生是我親眼目睹少數真正的書生，而且具有淑世精神。他能得人心，乃是品學兼優的明證。怡安先生與我交淺，數面之緣而已，大多匆匆忙忙。然而曉清能寫下一書，把自老師所授之學，發揮延伸，用做報答老師教誨之恩，這樣的精神，很少人做得到，很可以肯定。

曉清是個按步就班做事的人，我嘗謂，你是那匹拉車的馬，兩眼都讓黑鐵片把兩側罩著，只能見到前方，所以一件事做起來自然勇往直前，目不斜視，更無反顧。她做節目、主辦大型演唱會、帶團出國巡迴、寫書，譯書、參與任何團體的工作，直到她面對病痛、看診、做運動、學習撕貼紙畫、控制飲食……無論大小諸事，都能盡心盡力，一絲不苟，是一匹只會向前狂奔的馬。家中對她應無要求，因為她也能在可能範圍內盡其所能，而我則視一切俱為塵緣，大而化之，是以五十年來大體上相安無事。她之所謂婚姻危機，怡安先生與我都不以為然，是她凡事認真，自難免小題大作，這一部分，讀者不必深信。我從無一日以為會跟此人活著分手。

雖然她麗質天生，但是以她行事風格，方方正正，釘釘板板，很有鬚眉之氣，換了別人，大概不會太順利，只因她平生從無私心，事情很少行不通，然而上當也很容易，好在無權無勢，便是上當，損失尚能承擔。更可道者，乃因其為人真誠，會跟她計較的人難找，縱使共同合作中偶有磨擦，事過境遷也就無事了。在書中她寫出曾有一人到她跟前罵她一生順利高高在上我最討厭你等等，很讓我吃驚，我原本以為她是個真不會有敵人的人。但是罵她的人好在從無跟她合作的經驗，可以歸諸不正常。

舍下從來就是各走各邊，互不干擾。五十年來她之所為我未嘗過問，而我之所為也是安安靜靜中進行。依我所見，那位不正常所言，跟我的看法去之不遠，只是我一點都沒覺得她討厭。她的書房門上掛一紙牌，上書「錄音中」，就是要我不要打擾。豈止在錄音中，她出門出國是工作是玩耍日子是長是短，我一生都未過問，就是跟我講也未必記得住，我也忙。因此，她在寫什麼書，我也不知。出版社的人到家來談事情，大概知道快出版了。我之拙文出版，也是如此，她也是到了出版社把贈予作者新書送到了家，方才初初見識。

這一次明顯的不同，她居然要求給寫一篇序文。平生所寫序文難計，但是個人也有一原則，就是自己的書不會找人寫序，原因是，序文寫來是很累的。想不到這一回中了大獎，太太要求寫序。可以想見，她寫了也有不少的書了，我們白頭偕老至今，還是第一次蒙她不棄。足證她是覺得這本書是她很重要的作品。

書名《生命的河流》，也是寫序前讀書方知。其實是她成長至今的一條大河。依照陳怡安老師所教，也是陳老師的一本《人生七大危機》書中分類，她也以此把自己的一生整理出這樣的七大主題，可見她沒有想要自立品牌，是恪遵老師所遺的大經大法，一一檢討，發而為文。是以個人的經驗，證實所學的理論。

從文章中讀得出她是個不會把自己放大的人，不僅對老師敬愛，對任何相處的人，凡是只要有尺寸之得，她都銘記於心。大家不是天天說感恩感恩嗎？她心中充滿了對人加諸於她的恩典，由衷的感激。從她所寫的給許多人的信中，看得出她真的是三人行必有我師的實踐者。這個人是個方腦袋，又直道而行，自不免讓不熟悉的人以為高傲，其實她心中真沒有比她不如的人，這才是她能學到一點點本事的主因。

她經歷了「七大危機」，有許多痛苦我也不太清楚，嘗想，認真的人痛苦也比較深一點。但是基本上她不是個複雜的人，痛苦要消解也快，「只要想通了就好」。書中可以找到若干事證，那就是她會把有麻煩的還是不開心的事情，打打包歸到心理上的抽屜裡，做上標幟，從此相安無事。她是個樂觀而不鑽牛角尖的人，得力於此。我個人缺點甚多，她應該有許多的小抽屜都是裝著我的問題，她早貼好了標籤，從此日日靜好，直到如今。

一本書有無價值是個重要的問題，這裡有許多是她的經歷與想法，不是每個人的經驗想法都足以發行成書，這本《生命的河流》其實是個小人物的故事。在我眼中，她有時的確神乎其技，在極困乏中依然可以做出些風風光光的場面。不過她在書中從沒誇飾，這要說是她謙虛，不如說她天生對名利無感，在家裡也從不提她在外面的風光。這樣的樸素使得她容易與一般人相處，而她不重虛榮，反而鮮有深相來往的名流。所以與她相待者也都真誠樸質。這本書的特點是很像她這個人，分門別類，中規中矩，你便是說她講得有你不同意的地方，卻無法證實她說了任何一句假話或是在吹牛。

由於她總是沒把自己看高，所以她的經驗與想法就能讓大多數人感同身受。她是否必須那麼認真的活著，是她自己的決定，我無意見。人生的危機也許不止七個，不過她反觀一生，歸納出她自己面對七大危機，也要有勇氣。依她所言，老公兒子都是靠不住的，她得自己解決問題。其實人生到了後來都沒什麼靠得住的，都走得孤單，但是曉清沒有自怨自艾，反倒是正視問題，細細認知，然後面對。這個人很健康。

書中所見，她一生經歷的人與事真不少。工作上的認真也都能讓上司滿意，但是節骨眼上她非要退休不可，那時她才四十七、八歲，再幹十幾二十年誰也不會討厭她。名也好，錢也好，她說扔就扔。這樣的風格是很反常識的。然而她重新學習心理諮商，前後國內國外歷時十八年，居然拿到了專業執照，曾經有人說她的個人轉型沒有成功，事實證明那樣的話說早了。她把一生所學，不論是音樂的、心理的、理論的、實際的，也都融為一爐，觸類旁通，左右逢源，處處可用，這是她時時用心所致。此書做到這樣，應當沒有災梨禍棗吧？

我們都已年過古稀，依然忙碌不已，回首從前，錢賺得少些，卻比從前活得開展，大家都愛說你們兩人很不一樣，怎麼會湊做一處？我想我們都有旺盛的學習精神，都給予對方最大的空間，都可以過簡樸的生活，都有許多真誠的朋友，蒼然一對老夫妻，早無畫眉之樂，也不須舉案齊眉，這樣過下去，吾妻與我的下一本書，都可期待。

推薦序

往事

段鍾沂
滾石國際音樂公司董事長

往事之一：關於《滾石雜誌》與《熱門音樂》

一九七五年《滾石雜誌》在台大正門口羅斯福路與新生南路交叉口的五福大廈一樓創刊。雜誌創刊的時候，我與三毛（段鍾潭）身無分文，卻夢想著創造一本全台灣最前衛的搖滾音樂雜誌。辦雜誌的同時，我們找了幾個股東在五福大廈對面的羅斯福路旁，一個已停業的電子工廠二樓，花錢整修開了號稱是台灣第一家的ＤＪ搖滾餐廳，餐廳的名字也叫「滾石」。當時的概念是餐廳在用餐之外的時間，邀請一位ＤＪ現場播放搖滾音樂，並且由ＤＪ負責解說。這在當時民歌餐廳還未興起之前，可以說是一個很新潮的創舉。在邀請ＤＪ的時候，第一個想到的就是當時在中廣主持熱門音樂節目的陶曉清。就這樣我終於活生生地見到了原來只聞其聲未見其人的廣播明星。

《滾石雜誌》創刊號印了八千本，出刊沒幾天就銷售一空，造成轟動。可惜好景不常，除了創刊號，之後由於缺乏稿源，期期脫刊，發行及廣告收入極不穩定，雜誌的經營陷入困境。原本打算廣收訂戶以訂閱費做為餐廳的入股金，結果在訂戶推廣不如預期的情況下，於應允期限內繳不出股金，我和三毛不得不尷尬地退出餐廳。

《滾石雜誌》經營不善，負債累累，搬了幾次家，之後在金山街（現在的金山南路）一個破舊公寓的四樓落腳。有一天接到了陶曉清的電話，沒想到這通電話竟然改變了《滾石雜誌》的命運。陶曉清告訴我「熱門音樂」節目如果找不到贊助廠商就要停了，意思是這個已經存在將近二十年的節目將要從中廣頻道中消失或是換主持人。

中廣的「熱門音樂」在六〇年代民風未開、資訊匱乏的台灣，是廣播時代少數播放西洋流行歌曲的節目，原先由亞瑟主持，之後換成了陶曉清。

在那個年輕人還不知道憤怒，還沒有成為Bob Dylan的追隨者前，從一個方盒子傳出來的〈Can't Help Falling In Love〉、〈Crying In The Rain〉、〈Eighteen Yellow Roses〉的浪漫情歌和一個年輕女性的輕柔細語，給了那些留著短髮情竇初開、血氣方剛的青少年們許多想像。「熱門音樂」成了那個時代年輕人最重要的精神糧食和生活養分。陶曉清之後和「熱門音樂」也劃上了等號。

「熱門音樂」可能停播的事，對我似乎變得非常重要。《滾石雜誌》當時已身陷財務困境，靠借債典當勉強經營。接到電話後，我竟自不量力地貿然答應承包半個小時的廣告業務。為什麼做了這樣的決定？我想也許是不想讓這個曾經陪我長大的廣播節目就這樣從我生命中銷聲匿跡吧。

節目承包初期，一陣慌亂根本不知道業務來源在哪，因此雪上加霜賠了一陣子，之後，由於高速公路通車，車輛劇增，在行車中聽廣播成為常態，廣播因而進入黃金時代，業務才進入軌道轉虧為盈，從此一帆風順。我和陶曉清的互動也是因為節目而變得比較密切，開始叫她陶姐。

往事之二：關於「陶姐」與「陶曉清」

我所接觸的陶姐是個工作狂，而且還是個非常固執的工作狂。從「熱門音樂」到「中西民歌」，從「中國現代民歌」到「民風樂府」，到「中華音樂人交流協會」，陶姐要做的事目標明確，因此勇敢直往，不達目的誓不休。她之所以如此執著，我想是因為在當時缺乏充足的資源下，要推動及創造台灣自製的音樂創作風氣，如果不夠堅持，如果不夠勇敢，是很容易就會放棄的吧。

但是，從《生命的河流》中，我卻看到另一個陶曉清。原來在音樂、民歌之外，還有一個陶曉清已經波濤起伏地經歷過人生中的「六個危機」。那一個陶曉清真誠坦白、真情流露，訴說著自己、家人、朋友的病痛及死亡，以及為了追求心靈平靜所遭遇的波折的學習旅程，看似柔弱卻也依然勇敢。

《生命的河流》書中陶姐對我的感謝，我受之有愧。其實該感謝的是我，《滾石雜誌》因為承包「熱門音樂」這個節目，不僅化解了雜誌社的財務危機，而且累積了日後創辦「滾石唱片」的第一筆資金。更重要的是，因為節目讓我有機會參與了台灣流行音樂史上最重要的「啟蒙運動」，因為業務讓我認識了許多朋友，他們到現在依然是我生命中很珍貴的資產。此外，更要感謝的是自己身處「生命第七個危機」的這個時刻，因為寫序而讀了這本書，讓我在必須面對親人好友生離死別的傷痛與無奈，及自己陷入看不清、聽不見、走不動而齒牙動搖的老化困境時，可以有一些覺悟，讓我有了面對死亡、接受老化的勇氣。

所以謝謝陶曉清，也謝謝陶姐。

往事如流水，一去不返，卻也值得細細回味。

推薦序

彼時那個瑞安街幼兒園

李宗盛 音樂人、製琴師

再過幾個小時就得出門三個星期，去北美幾個城市演出。

過去幾天開始斷斷續續收拾東西，同時讀陶姐的書稿；我很快就發現這不是一個好主意。收拾的工作不停被回憶打斷打亂，使我在幾個不同演出版本的譜子間猶豫不決。然後發現更困難的是我得把這個在書稿中將生命經歷梳理通透，把學習領悟無私分享的陶姐，與彼時那個住瑞安街舊公寓；老是弄一些組織混亂；吃力不討好活動的電台音樂節目主持人想在一起。

陶姐瑞安街的家其實就是個幼兒園，我認真這樣覺得。

那時候我在創作上還沒有拿得出來的成績，能參加這樣的聚會內心很受鼓勵。

我清晰記得自己腿腳俐落地在油漆斑駁的樓梯間一口氣爬上四樓，進門叫了聲陶姐之後再確定自己暗地愛慕著的女歌手也在，然後安心席地而坐。

我們這些渾然不知離夢想有多遠的孩子，大多數時候其實都不真的明白卻仍興高采烈響應陶姐的召喚。

一群熊孩子在一起摸索一個想法的同時又好像其實更喜歡的是這個過程。以至於沒有獲得讓事情往前的結論的時候眾人並不驚慌，再約一次的建議會在此時被提出與同意。這些聚會在日後回想起來的時候更像是一種儀式，對我來說那是極特殊的一連串經驗。雖然陶姐從不應許什麼，但是像我這樣的年輕孩子需要的只是音樂夢想不冷卻；而哪有比這些聚會更管用的？

書稿才讀了小半，我就得上路了，
我打算帶著它在旅途中，
把這些從善良與勇氣出發的篇章讀完。
陶姐，感謝您幾十年前的帶領，儘管那時我什麼都還不能證明。
開心在這裡與您重逢，看見您把一生活明白的努力。
謝謝陶姐，感謝您的分享。

小李敬禮

推薦序

穿越危機看到生命的亮光

簡靜惠 洪建全教育文化基金會董事長

二〇一四年的十月，驚聞陳怡安老師突然腦溢血過世，一群激勵營老友聚集在蘇州陳老師的書房：唏噓、感念、不捨……

陳老師的學問淵博學貫中西，口才便給，誓為人師。為人非常細膩溫柔，他的學問都是緊扣生命的深刻體會而產生的。每個人與陳老師都有著與生命攸關深刻的故事，大家都有好多話要跟陳老師說……

我曾是最初引介陳老師到社會做大型的公開演講，並集結出書、舉辦超過二十年激勵營的所謂「催生婆」的人。其實陳老師的文字優美、思考綿密，可惜惜墨如金而且是慢工也出不了細活、對文字極度龜毛的人。許多本陳老師的作品，就在老師一再地修改當中，無法再版而絕版了！

而就在眾人圍繞著書桌談著的時候，忽然感覺書桌邊的檯燈有著輕微的晃動，然後有一股香氣飄在空中……大家都聞到了！

美津說：老師來了！

秀卿說：真的耶！他在聽我們說話呢……

在眾人一陣悚然中，我的內心突然跑出一個念頭：

我一定要想辦法，讓陳老師的書及精神重現江湖。

一九七〇年代我從美國回來，就一直在企業界與文化界間遊走。服務企業是盡家族的責任，投入文化卻是我一生的志業。創洪建全基金會近五十年，以播種耕耘傳承的精神，在當年文化非常貧瘠的台灣，播下很多開創性的文化種籽。提倡楊弦創作的《中國現代民歌集》出版唱片是其一，更是閃亮的創新之舉。也因為需要推廣而與當時在廣播界非常著名的陶曉清認識，接著出版三張陶曉清策劃的《我們的歌》造成轟動。曉清在電台廣為帶動宣傳，她本人更是親力親為，開展一個有歌聲的時代風潮，更把國語歌曲提升到一更高更有內涵深度的境界，曉清之功不可沒。也因為這層淵源，我跟曉清有著共同走過一個時代的親密感。

曉清書中的馬先生就是名作家亮軒，也是最早支持《書評書目雜誌》的作家之一。亮軒學問好、能言善道，有他在的地方一定是非常熱鬧、滿室生輝。常常讓我們忘了他身旁的老婆陶曉清也是幹練有智慧，進退自如、有內涵有故事的人。她懂得在生涯中轉化進展，有如穿梭在「任意門」的自如、自在、自得。

一九九六年，當我知道她持續地每年去加拿大海文學院進修，不僅自學自修還幫助音樂人、甚至九二一震後心靈復健等等心理諮商課程。我想著當時陳怡安老師在基金會開的激勵營意識會談法、實務作業法、敏感度訓練等……課程。曉清可能會有興趣。就這樣，曉清進入了激勵大家庭，與陳怡安老師結下珍貴的師生緣。

她把陳老師所有的課程都上遍了，跟著實習當助教、講師……她以堅定的毅力與恆心追隨陳怡安老師，讓我佩服與欣賞。

然而她在海文學院的進修並未中斷，持續地往來奔波於台灣、加拿大，服務的層面擴及台、港以及中國大陸……

陳老師的諸多著作及課程中，我獨鍾《人生七大危機》，這本書助我走過與先夫敏隆死別、從巨大的傷痛站起來！曉清的感悟是在陳老師最後彌留的那一段時間，正與一群對生命有熱誠的讀書會朋友共讀這本書：

我們預定在十月十七日讀〈死亡的危機〉，沒想到就在十月十五日，接到陳老師過世的消息。

十月十七日那天，我在網站上下載了一張陳老師在一瓶紅酒前笑得非常開心的照片，放大裝框，買了一大把黃色與紫色的花，找出友人去西藏旅遊時帶給我的藏香點燃，請讀書會的同學們早半小時來我家，每個人輪流用自己信仰的方式，對陳老師的遺像敬禮，然後選一朵花插入瓶中。當每個人都致意之後，大家站成一個圈，一起聽我選的感恩的歌──奧莉維亞・紐頓強唱的〈感恩歲月〉，送給我的恩師。（第六十四頁）

陳老師離開我們之後，要重新再版這些書已不可能了！幾次激勵老友的聚會裡，我聽到曉清的構想，鼓勵她將之發展成書。我們兩人都是即知即行的行動派，很快地課程以工作坊的形式招生，並在基金會開課。然而把課程內容整理配合七大危機寫成一本書，畢竟有些牽強，如同穿著別人的衣服一樣的不自在。

幾次的討論後，決定用「生命的河流」為主軸來闡釋人生的危機：

如果生命像是航行在一條蜿蜒河流上的小船，這條小船會不時停靠在不同的碼頭……探索每個人在不同的生命階段經歷過什麼樣難忘的記憶，至今仍然對自己有著影響。（第七十三—七十四頁）

曉清把人生分成七個階段、七個危機來分別敘述。有陳老師對危機的獨特見解詮釋，更有曉清自己一生走過的歲月痕跡，遇到的危機困頓，坦率誠懇地說出來，讓我感觸良多！因為有海文學院的長期專業訓練，加上她與同好們不斷地回饋服務，在書中都有詳細地描述。豐富的學理見解，更多的是她與每位碰觸到的人的感情互動，這是最可貴的了！她把人與人之間的真情與大愛展現得非常透徹。

看著、看著，我不禁掩卷短吁，生命真是深奧呀！很高興在我行近老年的現在，仍可藉此書面對一生過往，整理生命；不僅重溫陳怡安老師的《人生七大危機》，也等於上了一套完整海文學院的人生大課。

推薦序

因為有你

陳綺貞 創作歌手

親愛的陶姐：

八月底的某一天，我把你的書看完了，深受感動，忍住要打電話給你的衝動，想把情緒化成文字，寫成一封給你的信。

二〇一六年底我受邀參加深圳民歌四十演唱會，心中忐忑，因為要彈唱蔡琴的名曲〈恰似你的溫柔〉，被安排在當天曲序最後，我先自彈自唱一段，接著所有的人一起上台大合唱完整首歌，這意味著所有令我尊敬的前輩，準備上台前，都會在他們配戴的監聽耳機中，聽見我的演出，讓我前兩個月就開始戰戰兢兢的編寫鋼琴，反覆練習。當晚等待登台的時光，也格外漫長，我焦躁不安又不知道還能做什麼，乾脆提前到舞台邊等候。對比台上燦爛的燈光，後台被陰影覆蓋，大塊黑布包裹住舞台鐵架，加上乾冰噴煙，讓後台更顯迷離，常常看不清誰是誰，只能看見人的剪影。側台有一部電視機，轉播台上的表演，讓台邊的工作人員可以掌握進度，此時馬世芳正在台上進行動人的演說，接著吸引我注意的，是站得直挺，下巴輕輕抬起，但側臉線條無比柔和，一位女子的剪影，她正專注觀看著電視。人來人往匆忙慌亂的後台，她所散發出沉靜的氣息，與其他人完全不同，深深吸引了我。走近一看，原來是你！人們口中的民歌之母，同時也是馬世芳的母親。難怪你的表情，同時有著期許，溫柔，又有放手自由的灑脫。舞台上有陪伴眾人走過四十年的音樂歷史活現，也有你摯愛的家人，這樣深情肯定的凝視，讓我忍不住按下了相機快門。這個畫面也成為我參加「民歌四十演唱會」印象最深刻的畫面。

後來慶功宴上，我前去正式要求合照，你親切的說，你曾經擔任過我的評審。回想大二背著吉他騎機車去文化大學參加大專創作歌謠比賽，窩在禮堂旁的樓梯間，風吹冷颼颼的，我抱著吉他正在練習剛寫好的〈九份咖啡店〉，同樣參加比賽的其他同學，突然低語「評審有陶曉清耶……」我於是走到側台，偷偷看到評審席上你的側影。這只是學生創作比賽的初賽，你願意出席，在後台感覺得到所有人都因為你的出現更顯興奮緊張。我很感謝你當年給我的鼓勵，這首歌後來在國父紀念館的決賽也得到最佳作詞與最佳作曲，甚至有機會出版發行。你提起這件事情時，我最驚訝的是，你這麼忙，而且過了這麼久，怎麼還會記得我這種瑣事，你溫柔的說，「我一直都關心著你」，而這句話至今始終縈繞我心。回台北以後，翻開你統籌編輯的《民歌四十：再唱一段思想起1975-2015》的紀念冊，厚厚一本，裡面海量珍貴的資訊，超越時間令人感動的作品，音樂風格在歷史中轉折的重要印記，還有又深又濃的情誼，都被細心保存在書裡，你的記性這麼好，因為你深愛著，也關心著，殷切保護著，於是這些人這些音樂，都成為你生命河流中不可被分離的一部分，也讓徜遊在音樂之河小小的水滴如我，也因你能溯源而上，看見彼時的壯麗。

我原先預期我手上剛讀完的這本書，會是跟音樂相關的書，但驚喜的是，這是你大方分享自我成長過程中的點點滴滴。你真誠的分析，坦然面對世事變動，也談到你面對這些變動時所秉持的態度，怎麼覺察心思，接納自己的脆弱，這是勇敢也珍貴無比的分享。

陶姐，要感謝你不只引領我們進入美好的民歌時代，也謝謝你為音樂圈多年來無私的奉獻，現在，又給了我們過去所不知道的你——一個活得精彩，真真切切，又過癮的人生！這本書，深深療癒我的心，讓我能繼續無畏地走下去！

綺貞　二〇一七年九月　台北

推薦序

她的純真，她的誠實以對——我眼中的陶曉清

萬芳
歌手、演員、廣播人

陶曉清，陶姐一直是我很感謝的人。我生命中第一次參與的成長課程就是陶姐發起的。那個時候的我二十多歲，很難說明白自己是誰，和世界的關係很不知所措。那次走入那個上課的空間，我感覺到自己有一個很想打開的身體緊緊的、防衛的，但我有一點快樂並且每天都期待去上課。我依然自閉困惑與糾結，卻又同時敞開。那幾天上完課，幾乎所有人都捨不得解散，我們續攤聊到半夜，我緊抓著當時的小組助教賈志筠追問著我心裡的困惑，我清楚記得賈姐的回答從頭到尾只有兩個字：「so what」。我的每一個問題得到的回應都是「so what」。問到第一百個問題的時候，我突然明白的回應自己「so what」。那次的「尋井之旅」打開了我不同層面的自我覺察，或許我還是那個不知所措的我，但只有裡面的我知道，我不只是那個我了。

那次的課程參與的都是音樂人，這是陶姐的體貼，她覺得這樣大家比較同質同

理。後來這群不願解散的音樂人成立了「中華音樂人交流協會」。當時是一個小小的公益性質的團體，我們定期去少年觀護所帶活動，也在九二一地震時請老師上課之後進入災區。

我很喜歡陶姐，她有的時候讓人覺得有點嚴肅，但我覺得這個嚴肅的裡面其實是告訴你：沒關係，不用客套，不用多禮。她喜歡分享，但她從不勉強你接受。她純粹是因為她自己喜歡，覺得好好玩，所以邀請你也一起來玩，但她也可以接受你不玩，我喜歡她尊重別人的選擇。她尊重別人對自己的選擇負責，因為她也尊重她自己。如果你因為壓力或者不好意思而接受，她會覺得沒有必要。而如果你因為壓力還是接受了，那你就要為自己的選擇負責，壓力是你自己的問題，你要面對的是自己，不是別人。這是我的解讀。

我很喜歡陶姐，這樣的喜歡，讓我感受到自己對陶姐有一份奇妙的關心和愛。

記得幾年前曾經在路上遇見陶姐，她騎著腳踏車經過，當我意識到那是陶姐想喊她時，她已經遠了，我看著陶姐的背影覺得很想找她喝咖啡，不知道為什麼就是很想跟陶姐聊聊。

後來再遇見陶姐，灰白的頭髮，我們總是久久才相聚，陶姐簡單的更新近況，說她得了乳癌，然後她給了我一個表情，意思是不要為她難過擔心，她說開刀，化療，現在很ＯＫ，化療後決定不染髮了。我看著眼前灰白頭髮的陶姐真的好美。

最近和陶姐碰面是上她在「牽手之聲」網路電台的節目，我們在她的書房，看著陶姐流暢地操作著電腦，然後笑著說「做廣播，好好玩」，當下我真的覺得我好愛她喔！很常聽到陶姐像個滿足開心的小女孩說著什麼什麼好好玩，那個好好玩是來自很深的體會與完整的漫長的過程。說這一年做牽手之聲好好玩，說她錄音生活動人的片段好好玩，說以前做廣播節目發起創作比賽的過程好好玩，說音樂人交流協會最早做十大單曲推薦好好玩，說讀書會好好玩，說那次的旅行好好玩……這些好好玩其實都很手工，其實都不簡單。她的一個單純的好好玩，延伸出台灣音樂的創作潮，形成如此深遠的影響與力量。而現在她為八百多位癌友製作網路電台節目，重新學習電腦操作，為正在病苦的癌友們打開不同的視界。小小的，手做的，沒什麼經費的，卻是非常豐富的，除了陶姐自己的節目，也邀請各方好友加入這個「好好玩」。有時候覺得陶姐進行的世界不大，卻總是延伸出寬闊的大世界。

而這一路，我只是旁觀者，並且享受的欣賞著。這本書讓我有更多的更新，去感受陶姐誠實以對的路途，這其實是多麼不容易的事，卻如此美麗，讀著讀著濕了的眼眶，我想是因為文字裡的純真。謝謝陶姐的分享，很多人很需要，並且知道有人走在前面，對於成長這條路的探索可以更加爽朗。

從二十多年前第一次的成長團體課程，到後來的歐洲之旅，以及每一次的民歌演唱會，和近期的相聚，我很感謝生命中和陶姐的相遇，她的自我探尋之路給予我很多的學習與反思。

祝福我敬愛的陶姐，也祝福正在閱讀的你，

好好玩！

推薦序

更靠近「陶曉清」這個人

馬世儀
東京上班族、打零工的漫畫翻譯、產量甚低的文字工作者

高中時，透過同好認識了一位「認真」做翻版動畫錄影帶的大前輩，他所聘的譯者皆為當年屈指的動漫阿宅，不但對台詞逐字逐句地講究，連片頭片尾曲都會考證出來一道翻譯。還是學生的我也有幸偶爾接些校對字幕稿的工作。在網路尚未普及的年代，這些熱血阿宅前輩們僅能以有限、且缺乏時效性的進口雜誌資訊來確保翻譯品質。某日一位圈內友人拿著一捲VHS登門造訪，說是有部動畫作品突然用了兩首七〇年代西洋老歌來當片頭片尾……阿宅前輩們對日文歌熟、對近代日本歌壇也有造詣，但長年練出來的戰鬥力對洋曲卻是一點也不管用。由於知道我娘就是「那位陶曉清女士」，因此想借助家母的專業，看是不是能幫忙找出些蛛絲馬跡，就算沒現成歌詞，若能提供些方向讓他們循線追查也好過幾個門外漢大海撈針，算是不虛此行了。錄影帶放下去前奏跑完還沒唱到第三句，家母二話不說，轉身抽了本原文書啪啦啪啦

翻了幾頁，指著書上曲名跟歌詞對我們說道：「Gilbert O'Sullivan的〈Alone Again〉吧。」友人瞠目結舌，趕緊把帶子快轉到片尾，同樣是沒聽兩句，家母馬上又把〈Get Down〉連名帶詞的那一頁翻給我們看……

「陶曉清」是電台名主持人，帶頭辦過不少活動很厲害，這些常識當然是明白的，但是她從我還不滿一歲就開始當「民歌之母」當到現在，對我來說一切都是那麼理所當然。那天看著對母親千恩萬謝離去的友人，這應該是我第一次明確地「因母親感到驕傲」的記憶（笑）。

從小學開始，就常聽到周圍的人對我說「你家好好喔～」。這個「好好喔」的成分，有時是指三不五時在我家出沒的名人，有時是指隨時有免費唱片可聽的流行音樂環境。不過絕大多數，都是在羨慕我「開明的家風」；這樣的聲音一直持續到我出社會。直至今日，與初會面的友人提到少年往事時，也偶爾會聽到同樣的感言。

對此我是非常引以為傲的。在家庭中我一直沒有受到太多制約。當然，成長的過程稱不上一帆風順，身為（相較之下好像可以比較理所當然地）任性的小兒子，幾年下來讓爹娘操了不少心、也添了大大小小不少麻煩，但這對我心目中的模範雙親，一路上總讓我感受到在那個當下最大的同理心、支持與陪伴。之所以會強調「在那個當下」是因為這個當兒子的，總是能夠在不同階段結結實實感受到母親的成長。《生命的河流》一作所呈現的，應該就是幾十年來那份進化與成長的核心吧。

在閱讀的過程中，腦內浮現出的影像切換得非常激烈。文中所述的（自己曾參與／未參與過的）場景、個人的記憶（有別於作者視點），以及讓我聯想起來無數地、僅屬於我自己的人生經歷。每一個畫面跳出來的瞬間，彷彿都觸到自己心裡某個很重要的點。在一本書裡看到這麼多（其實也沒那麼多啦）關於自己、且包括自己一丁點兒也記不得的軼事，其實也是滿奇妙的經驗。一方面擔心自己無法將角色百分之百抽離，以完全客觀的角度去俯瞰這些故事，一方面也很無壓力地在看著母親從出生、成長環境、思春期、婚姻、生子（包括生我）、事業、疾病、到現在……的旅程。每一個環節都與我相關，每一個轉折點都直接或間接影響著構成「我」的一部分。意識到這一點時又頗慶幸自己也屬於這些故事的一分子，或許能比大多數的讀者更能感受這些故事的重量與厚度。

幾十年來我所熟悉的是名叫陶曉清的「母親」，而透過本書，讓我更靠近陶曉清這個人。一個溫柔善良、動人，且還在不斷持續成長的生命。這是一本很美的書，然後我很感謝母親，養出了一個有能力感受這份美的兒子。

推薦序

我的媽媽總是好看，總是興致勃勃

馬世芳 廣播人、作家

前幾年媽媽乳癌手術後做化療，頭髮掉光再重新長回來，她決定不染了，白髮就白髮吧。人人口中的「陶姐」，遂有了幾分「陶奶奶」的模樣。但我得說，她老得真好看。

媽媽一輩子都好看。她從來沒穿戴過什麼時尚名牌，市場小鋪子買的衣服搭一搭，配個朋友手做的首飾，站到頒獎主持的舞台上，也是人人誇好看。沒辦法，人的氣質好。從前家裡掛著一幅媽媽的半身黑白沙龍婚紗照，鑲石膏雕花框子，新娘側身望向鏡頭外，抿嘴含著一朵淺淺的微笑。小時候我常猷看那幅相片，真好看。

後來認字學到「美」，我覺得那幅照片裡的媽媽，活脫脫等於那個「美」字——不是代表，不是象徵，而是照片裡的媽媽「就是」那個字具體的形象，「美」這個字的姿態、氣質，完全就是為她準備的。

幼小的我這樣告訴媽媽，她露出和照片裡相彷彿的好看微笑，說了聲謝謝。

讀著媽媽的書稿，覺得我們的人生確實有些地方滿像的：都是備受期待的第一胎，從小得寵，個性乖巧不惹麻煩。都有一對開明的父母，導致連青春期叛逆的動力都欠奉。還有，出生都是短舌頭，若非醫生在嬰兒舌下剪了一刀，這輩子我們都吃不了播音員這行飯了。

不過，當然也有很不一樣的：我很慶幸能看著自己的爸爸媽媽漸漸變老，而且尚稱硬朗。媽媽自己並沒有這樣的幸運：外婆五十五歲逝世，外公六十四歲，都不算高壽。有一次偶然找到一捲七十年代後期的「有聲家書」卡帶，當年隨航空包裹寄給了負笈美國的阿姨。放出來聽，外公外婆絮絮報告家中近況，說著極其平常的叮嚀。那些恍若隔世的家常話，聽哭了一家人。媽媽感慨萬千地說：外婆去世那麼多年，她已經都忘了自己媽媽的聲音了。我很震動：原來自己媽媽的聲音，也是可能會忘記的啊。不過我想，再過多少年，我媽媽的聲音大概還是不容易忘記的。畢竟她溫潤透亮的聲音，通過電波傳到千家萬戶，早已是台灣不只一代人的集體記憶了。

在我和弟弟的成長經驗裡，爸爸「扮黑臉」的時候多一些。媽媽極少說教，更難得顯現嚴厲的一面。這和她在工作現場紀律嚴明的姿態很不一樣，我猜，那些叫她

「陶姐」的歌手、後輩，對她的敬畏應該是遠超過我們兄弟倆的。媽媽也總對別人送的所謂「民歌之母」、「廣播名人」之類高帽子一笑置之，對她來說，人生決定投入哪些事情，首要考量從來都是「好不好玩」，名利云云，都在其次。她大半輩子的「功業」：早年引介西方流行樂，之後推動民歌風潮，中年創建「青春網」，成立「音樂人交流協會」，投入成長團體，近年創辦網路電台服務乳癌病友，莫不如此。

她這輩子都在做「好玩的事」，組織了許多同樣覺得好玩的人一起投入，竟也輾轉影響了無數人的青春生命。可你若是正襟危坐跟她說：感謝陶姐對台灣當代文化史的貢獻，她多半也是淡淡一笑：唉呀，就是覺得好玩嘛。

媽媽接觸「成長團體」課程，大概是八十年代後期的事，算算這條路已經走了三十多年。老實說，我對於坊間若干掛著「心理」、「成長」名號的「修行團體」心存懷疑，對於那股「新興宗教」式的神祕學氣味寧願敬而遠之。不過媽媽並沒有像我曾經暗暗擔心的那樣，變成神神叨叨的傳教者。我更沒有想到，儘管我從來沒有跟她上過半堂課，媽媽的成長與改變，卻讓我和我的妻子都扎扎實實變成了受益人——媽媽說：她對理想婆媳關係的認知，是「不要把媳婦當女兒」。做婆婆的，只要把媳婦當成和自己一樣愛著兒子的女人，就可以了——天地良心，我所認識的親友之中，簡直沒有比我太太更喜歡婆婆的媳婦了。

直到讀了這本書，我才知道這是王行老師多年前和媽媽談到的觀念。王老師已不在人世，我們都欠他一個遲來的道謝。

儘管歷史不能假設，我總覺得媽媽就算沒有接觸那些課程，以她的個性和處世方式，她仍會用自己的方式抵達後來的狀態：認識並接受自己的優點和弱點，以慷慨的同理心幫助身邊需要幫助的人。只不過，她會少了許多機會，以專業心理工作者的身分幫助更多人，那就有點可惜了。

我們都不能選擇自己的父母，而我衷心感激是她。我不會矯情地說我們「無話不談」，但我猜我和媽媽能說的話，比絕大多數同輩人多很多。她讓我學會了聆聽和同理心，學會了認識自己，並且不要把自己太當一回事。她也讓我知道：做事無論大小，只要不存私心，就能寵辱不驚，這都是受用一輩子的禮物。

我最喜歡她給自己畢生故事的按語，那是有福之人方能得之——但願有一天，我們在回顧自己的時候，也都能像她一樣問心無愧地說：「這個人，興致勃勃地過了一輩子！」

推薦序

奔流的方向

蘇來　詞曲作家、廣播媒體人

陶姐：

看你寫的《生命的河流》新書，才驚覺我們竟然相識近四十年了。

歲月消逝無聲，但一起相處的時光卻歌聲不斷……

十九歲那年動念要寫歌，收音機裡聽到你的節目，瞬間燃起了動力。青澀的摸索，從一次又一次的失敗中學習，每每聽你的節目，就覺得希望無窮。

做夢也沒想到後來會跟你變成好友，常常去你家蹭飯吃，跟你們全家熟得好似家人一樣。我必定是前世拯救了宇宙，這輩子才有這樣的天使降臨……

生命中的成長歷程都跟你有關，要不是你請來卓明為歌手開班，我不會進入蘭陵劇坊，見證了台灣小劇場生命力迸發的十年，同時也因為卓明的導引，進入心理劇等等一系列的心理成長。

只要是有意思的事情，你都不會忘記拉我加入。民風樂府，美國校園巡迴演唱，跟隨林麗珍老師練舞，青春網，民歌二十、三十、四十，還有那天在我新家閒聊的五十……

在你的潛意識中，我許是那個模範弟弟，守時，懂事，有規矩，還有點創作小才華。認識的都是好孩子那面……或者是你期望的那一面。

其實我也有睡過頭沒趕上車的時候，也有任性狂野的頹廢期。

那回選擇在心理工作坊的封閉環境中對你吐露心聲，認識許久以來，是第一次的正面衝突，你臉上寫滿了驚訝……

比起你和卓明的「大戰」，嚴重到遠遠看到光頭就要倉皇逃走（現在變成我們互相調侃的笑話），我們的交手只是小菜一碟吧……

你依然還是那個大姐，我們仍然可以聊心裡話，雖然「成長」以後想要走下神壇，但誰教你就是有大姐範兒呢，尤其是那頭閃閃發光的銀髮。

是河流就有奔流的方向，我們不會走散……

這人生能夠跟你結伴同行，還能隨意哼唱成調，賺到了。

推薦序

深度解析一個人的完整心路歷程

楊嘉　資深音樂人

午後的狂風陣雨肆虐著這個城市，坐在沉靜的大廳中，偌大的落地窗逐漸浮上一層霧氣，隔著灰濛濛的天空，與呼嘯而過的陣風。身旁的人不是看書，就是沉睡，面對銀幕上的一顆顆文字，我在閱讀一個人的過往，或者說，整個心路歷程。

記得在九〇年代末，我們一群人曾在她的號召下，一起解讀一本心理學著作，我們逐篇討論其中章節，並分享自己的經驗。一直到現在，那些紙張與手記都還在身邊，也還記得當時討論「什麼是感受？」「什麼是解釋？」時，那種恍然大悟的心情。還有我們的結論：「一個人可以沒有罪惡感，不能沒有羞恥心」的快樂。

對於生命，我們都是那種「想要自由、也要理由」的人。自由讓我們保持向前，而理由則讓我們活得踏實。這本踏踏實實的書，像是一張地圖，每則故事都是一幅幅圖畫，讓地圖在每個轉折處生動起來。特別喜歡書中與兒子的故事，或許是因為我未曾有過那種機會。

一個寂靜的下午，閱讀一本好書，心情是很實在的，感謝陶姐的分享。對我以及當年參加讀書會的朋友來說，這不只是一份心路歷程，更是一種深度解析，需要仔細閱讀。

推薦序

人生故事的放下與向前行

李建復　中華音樂人交流協會理事長

每一個人生命中都會遭遇到很多人，很多事，可是經過之後，還會回頭拿來好好反省的不多。

這些過往的人可能是你的貴人，也可能是你的仇人。貴人仇人在心裡面都會有心結，心結不一定都是負面的。

對貴人的心結是感恩，是想要回報，常常是有些遺憾沒有即時回報。對於仇人的心結是想要報復，心存怨恨，我們都不希望帶著這一切的遺憾走到人生的終點。如何放下無法化解的心結是這本書的重點，也是陶姐的人生歷練。

書裡面有很多陶姐與人相處間，不為外人所知的一些私密心情，這些心情可能是對人對事的一個看法。這類的看法通常是非常personal的，但卻會逐漸影響到我們對整個事情的認知或對人的好惡判斷，也是因為知道自己的看法判斷是主觀的，所以會埋藏在自己內心的深處，也許一輩子都不會顯露出來，久了也忘了緣由，可是心裡的疙瘩就躲在某個角落，不知不覺間在發酵侵蝕著。

而陶姐都願意用說故事或是給當事人的信，寫下來與大家分享。

也許這是一種放下的方式，寫下了也許就放下了，對方知不知道其實就沒有那麼重要。

陶姐這些年因為身體的變化與心理諮商課程的薰陶所帶來個性上的轉變是有目共睹的。雖然她還是以一貫的興奮，激發身邊的人為理想而努力，但她對人與事比以前豁達了許多，包容力更大了。

我們不一定能夠做得到，可是有這樣一位先行者在身邊努力的實踐，我們看在眼裡學在心裡，也是我們的幸運。

推薦序

有幸匯流同航

姚黛瑋 藝人、心創藝導師

我坐在電腦前面，望著Word檔的空白文件，不知從何下手。我怕一開始就停不下來，會一直寫下去直至成為一本書！因為短短的一篇推薦文，怎能道盡Cora（陶曉清）和我彼此之間超過三十年，亦師亦友、亦母亦姐的情誼？怎夠容我暢所欲言地說出對她的愛？

從我翻開這份文稿的第一頁開始，我的心就滿滿甚至眼角帶淚地跟著章節直到最後一頁，之後更是持續好幾天；期間陶姐興奮地打了好幾次電話問我看了沒，我都支支吾吾地說不清。其中有太多的故事與場景是我已聽過，甚至一起走過的經歷，而屬於我記憶中各種不同面向的陶姐則一個個跳了出來：

從我開始做歌手時的陶姐（一絲不苟的主持人），拉我參加歌手成長班的陶姐（負責的班長），找我培訓青春網主持人的陶姐（面無表情的長官），帶我踏上自我成長之路的陶姐（諄諄善誘的大奶媽），一起上成長課的Cora（脆弱的小女孩），一起帶課程的Cora（開放探索的好搭檔），向我傾訴心情的Cora（有血有淚的凡人），一起旅行的Cora（好奇的文青），生病的Cora（勇敢面對的鬥士），現在的Cora（時刻活在當下）……都呈現了同一個特質就是持續不斷、不怕挑戰！我真的很榮幸可以在生命的河流中與你相匯，共同航行！

你我相逢在黑夜的海上
你有你的，我有我的方向
你記得也好，最好你忘掉
在這交會時互放的光亮

這是一本書中書，這是一本歷史書，這是一本故事書，這是一本理論書，這是一本工具書，這是一本療癒書，這是一本任何人都可以在裡面找到自己的書。

推薦序

有你，真好

賴佩霞
作家、企業教練、心理諮商師，《魅麗雜誌》發行人

掐指一算，認識陶姐已有三十多年光景，走得近至少也有二十八、九年了。她見證了我結婚、心碎、離婚、再婚等等這些情感上的顛簸，同時也見證了我歌手、主持、演戲、寫作、求學、諮商師、企業教練等等工作上的成長，這一路走來我必須說，陶姐是我生命中最重要的女性典範之一。

我母親過世得早，身為單親家庭的獨生女，打開天窗說亮話本來就不是我的本能，加上二十一歲出道，在那個年代，歌手的職業道德包括了要跟人保持該有的距離跟神祕感。坦承，談何容易？多少名人就這樣莫名其妙地被困在那虛虛實實的光環中而不自知。還好，我很幸運地遇見陶姐。

她明白公眾人物的難處，也賞識藝術工作者的才能，一群充滿熱情、浪漫與勇

氣，同時具備細緻、脆弱、敏銳的後輩，在她登高望遠之餘，身邊的我們也跟著朝向「更喜歡自己」的方向前進；我們何其有幸。說到這，陶姐總說：「是你們自己努力。」好吧，那我就這樣說唄，「陶姐是有福之人，跟在她身邊，自然好運連連，眼界大開，貴人不減。」

陶姐是我生命中的貴人，雖然平常沒有像閨蜜一樣地黏著，但有她在，我的心就多了幾分安定……她是我的護心符。人最難得的是生活中有一個好典範，她在前面走著，我就在後頭跟著。她是一位難能可貴的好友，而這是一本值得擁有的好書，我很榮幸能親自目睹她的堅韌、勇敢、豁達與氣度。陶姐，謝謝你的分享，這個世界有你真好！

推薦序

一條豐饒的大河之歌

許景淳
歌唱家、創作人、製作人

聽見偉大河流吟誦自身的故事，何其動人深邃……

她生命歌聲響徹雲霄
時刻傳遞著善美振奮的信息

這優雅歌聲
是天使樂音
是輕聲一句開麥問候
是一條豐饒大河
載大小舟船行

哺育魚鳥動物
豐饒稻果花林
利益生民無限

對年輕新進欣賞照顧
一向無私寬容分享
心愛的陶姐對所有同行者

她對文化媒體、歌曲音樂、自身家庭社會
探索追尋實踐理想
她熱情好奇　持續貢獻

透過生命歷程
她主動友愛地引領人們
看見　學習　欣賞生命
探討許多新的可能

她的開創精神　往往登高一呼
便聚合眾人同志……

她照料呵護看顧過的種種
就像台灣校園民歌園地
多年來始終如一　不曾懈怠
終鮮活地成為
華語流行音樂史重要時代……

謝謝親愛的陶姐
與大家分享您
動人的生命之歌
《生命的河流》
非常期盼這本書的出版

生命的河流

詞曲／林小南（小南方）

你像微風輕撫揚起的風帆
吹動心靈讓我自在的啟航
於是我能欣賞，能景仰，能脆弱分享
能敞開所有歡喜與悲傷

感謝這一路有你
陪我聆聽內在的聲音
感謝這一路有你
陪我探索，陪我勇敢
陪我擁抱自己

我不怕在生命的河流迷航
因為你是我隨處的光亮
我不怕在生命的河流孤寂
因為你是我沿途的驚喜

◎所有推薦序均依照來稿先後順序排列

開場白

我發現在自己的生命中，幾乎每個階段都經歷過危機，
並且也化解或轉化了那些危機。
我在諮商方面受到許多老師的啟發，
陳怡安老師提醒我們：
「真誠的故事是最令人難忘的，聽完演說之後，
通常大家會記住的都不是理論，而是故事。」

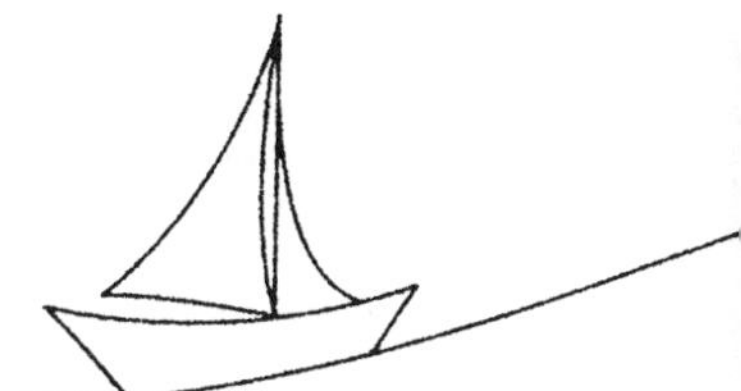

巴布・狄倫得獎

二〇一六年十月十三日，晚上將近七點，在紀錄片《四十年》首映會現場，大家正準備進入戲院看電影的那一刻，李宗盛在手機上看到一則最新消息，大叫：「巴布・狄倫（Bob Dylan）得諾貝爾文學獎了！」

站在我身邊的楊嘉跟我互望了一眼，她馬上查證並確認了這個消息。

一時間，我發現對巴布・狄倫得獎的興奮幾乎超越了我對紀錄片首映會的開心。

從一九六五年在中廣主持熱門音樂節目起，我對美國流行音樂的排行榜一直瞭如指掌，當時最感動我的，就是如巴布・狄倫這樣的創作歌手。

一九九七年二月，我跟馬世芳一起去名古屋看巴布・狄倫的演唱會。他早早買好了票，

楊嘉、李宗盛與我，在知道狄倫獲獎後興奮合照。

我是後來才決定去的，所以我們一進場就坐在不同的位子上。聽到宣布：「Ladies and Gentlemen, Mr. Bob Dylan !」布幕拉開，當他的聲音唱出第一個音符，我的眼淚就止不住地流下來。我馬上伸手進皮包去找面紙，後來找到了平常總是隨身帶著的手帕，一邊擦眼淚，一邊看著在台上用心卻又隨興唱著歌的歌手、創作人，心裡有一種無法用言語形容的複雜感受。

我擔心自己會一直哭下去，還好，第二首歌曲之後，我就不再流淚了，專心地聽著歌，欣賞他的演出。

我後來知道眼淚是為何而流，我感動他一直享受著現場表演，不斷到各地演唱；我感傷當時年輕的我們，如今都年過半百（我比他小五歲，那年五十一歲）；我懊惱這個世界並沒有如我們當年所期望的變得更好——聽聽他歌詞中所描繪的那些狀況，不但多數依然存在，有些還變得更糟糕了！最重要的是，我真的好開心終於看到了心儀多年的創作者——就在去名古屋之前沒多久，我做了一個訪問他的夢，那是一場十分深刻而動人的訪談！我記不得問了哪些問題，但我清楚記得當時的感受是多麼充實與圓滿。

一九九一年五月份的一期《告示牌》（*Billboard*）雜誌，慶賀巴布．狄倫五十歲生日而出版的專刊，許多流行音樂界的大咖，撰寫專文或刊登廣告，說出對巴布·狄倫的尊重與敬仰；還有好多人清楚寫出是受到他的感召，才決定進入流行音樂界的。

我當時就想，全世界不知道有多少人是因為聽他的歌受到感動，而決定加入音樂界，希望可以因為歌曲而讓這個世界有一些些不同，而我就是其中之一。

青少年時期，聽著美國的各種流行音樂，趕流行學他們的穿著打扮，學各種時髦的舞步，聽歌學英文，勤查字典。後來有機緣主持熱門音樂節目，主辦由熱門音樂合唱團演出的演唱會，經歷美國流行樂的變革，由青少年跳舞時的伴奏音樂，慢慢加入了人文精神的部分。聽著那些歌，我開始感嘆，如果有用中文寫出來的類似歌曲就好了。

所以一九七五年六月六日，當我聽到楊弦在中山堂演唱會上發表由余光中的詩所譜成的歌曲時，會那麼興奮是其來有自的。

歌手的成長班

民歌初期很多場演唱會都是歌手們穿著白襯衫、牛仔褲，抱著一把吉他，上台說說笑話，唱完就下台了。

一開始大家都覺得很新鮮，也挺好玩的，但幾次後就覺得無聊了，總是講幾個笑話接著再唱歌也不是辦法，於是在我家的聚會中，有人提出希望讓自己的表演更多元的要求。

我剛好認識「蘭陵劇坊」的導演金士傑和卓明，就詢問這兩位年輕導演願不願意來幫忙訓練歌手表演，卓明的興趣更高一些，於是我們合作成立了歌手訓練班，就在蘭陵劇坊地下室的教室，每週上兩次課。

後來我才知道，當時卓明正在學習心理劇，他經常現學現賣，把剛學到的東西立刻帶到課堂上來。有時候歌手還會請假，但我幾乎全程參與。就是那個時候，我深深地被這種課程吸引了。因此，我就在卓明的介紹之下，參加了台北旭立文教基金會的課程。

第一堂成長課是薩提爾（Virginia Satir）的家庭重塑，是由當時我非常喜歡的兩位老師——鄭玉英與王行帶領的。

二〇一六年十二月二十四日，我去參加九十五歲的葛茉莉（Maria Gomori）老師在劍潭活動中心的講座。走進講堂，就看到鄭玉英老師坐在那裡，我立刻去跟她擁抱，並告訴她，多年前她幫我做的家庭重塑課程，給了我多大的幫助。

台北的課程結束之後，我又在卓明的引介下，於一九九二年到加拿大海文學院（Haven Institute）去上了階段一（Phase 1）的課。這是一個連續二十五天的課程，我必須在上課以前累積我的假期，存下足夠的費用，當然還要說服我的家人，因為我從來沒有離家那麼長的時間。

我在那次的課程中，好佩服也好喜歡海文學院的老師們。白天主要上課的老師有三位，黃煥祥（Ben Wong）是第三代的華僑，一句中文都不會說，所以他自嘲是外黃內白的香蕉；麥基卓（Jock McKeen）是熱愛中國文化的純老外，因此他說自己是外白內黃的雞蛋；另一位女士是教務長瓊安．皮特森（Joann Peterson）。晚上我們分成幾個小組，每組十來個人，天天在一起分享生命故事，課程結束時，大家的感情都變得很深厚了。

上完這堂課，我決定以後還要再來，因為在這將近一個月的學習當中，我找到了自己的盲點，也更清楚自己未來的人生方向。

一起上課的同學們之後都還保持著非常密切的連結，從寫給我的信件中，我發現他們只要有疑惑就可以再一次地回到那個美麗的小島上，去尋找我們的兩位導師——煥祥和基卓。我非常羨慕他們，因為我要去那裡上一次課程可真是不容易呀！

好在那時旭立文教基金會每隔兩年會邀海文學院的老師們來台灣教課，我因緣際會地成為晚上小組課程老師的口譯員，認識了更多心儀的老師，其中包含琳達・尼可斯（Linda Nicholls）與大衛・萊斯比（David Raithby）。

認識生命導師陳怡安

我在洪建全基金會剛創立《書評書目》雜誌時，就認識了當時基金會的執行長簡靜惠。早期的民歌活動——包含出版唱片、舉行演唱會等，在她的支持下都辦得有聲有色。

一九九六年八月，在簡靜惠的引介之下，我去參加了在關渡楓丹白露社區舉行的「團隊領導與共識建立」課程，認識了陳怡安老師。第一次上課就被陳老師深深地吸引了，課程內容豐富之外，我最欣賞陳老師的態度，他總是

海文學院讓我心儀的老師很多，琳達是其中之一。

耐心地傾聽，並給予發自內心的回應。

這次的課程之後，我寫信給加拿大的同學說，我在台北也有了一位隨時可以去詢問有關人文與生命議題的老師啦！

之後又上過陳老師的其他課程。自二〇〇一年五月起，承蒙老師不棄，接受我成為他的助教團之一，我因此跟著陳老師幾乎上完所有的課程。那些年我總是把他的課程優先排進我的行程表裡。

在陳怡安老師開出的各項課程中，我最喜歡的是「溝通與成長」和「敏感度訓練」這兩個課程，也非常榮幸能從二〇〇一年起到二〇〇五年十月間，成為敏感度訓練的固定助教之一。

也是在陳老師的鼓勵之下，我在二〇〇二年八月第一次帶領自己設計的工作坊「我是誰」。還記得那時候我忐忑不安，一直認為自己似乎還沒預備好。陳老師說：「沒有人是完全預備好了才開始的，都是一邊帶學生一邊學習的呀！」就這樣推了我一把。

在接觸了陳老師之後，知道了「中華民國激勵協進會」這個組織，馬上加入成為會員，於是又認識了許多志同道合的朋友，也一起做了很多好玩的事。有一次，協進會再度興起對陳老師著作的學習，我被派到的任務是用「讀書結構法」研讀他的著作《人生七大危機》，並在大會上用「意識會談法」帶領會員討論此書，這是我第一次精讀它。

得來不易的諮商畢業證書

這期間我並未中斷與加拿大海文學院的緣分，只要時間與經費允許，我總是找機會去那裡上課。

一九九五年我上了階段二的課程，二〇〇一年上了第三階段課程，並逐漸參加了一些其他相關的小課程。

馮錚是我一九九二年參加海文學院第一階段課程的同學，我跟他還有一位香港來的關神父在同一個小組。每天晚上，我們一起在小組上課，等課程結束時三人都變成非常親密的朋友。馮錚一直羨慕我們回到家鄉就能把所學跟工作結合。

二〇〇五年四月，馮錚邀請我去中國大陸擔任海文學院與中國海文新世紀公司的第一個「潛力甦醒」課程的口譯。經過多年的努力，他終於找到平台實現夢想，我當然義不容辭地前往支援，就此與深圳這座城市結下深厚的緣分。

馮錚在這次的課程中問我，為什麼不去完成海文學院的證書。我之前幾乎完全沒有把這件事放在心上，也因為跟著陳怡安老師一起工作，有無證書似乎沒那麼急迫。經過提醒，開始回顧在加拿大上過的所有課程，以及跟海文學院相關的所有經歷，我決定要試試看。

在二〇〇七年三月，我重返海文學院跟當時的教務長約談，確定了自己在未來幾年要拿到海文學院諮商畢業證書的目標。

The Haven Institute for Professional Training
This is to certify that
Cora Hsiao Ching Matao
has successfully completed the
Diploma in Counselling (DipC)
The Haven Institute for Professional Training
240 Davis Road, Gabriola Island
British Columbia, Canada, V0R 1X1
Director of Education
September 10, 2010

64歲那年，拿到海文學院發出的第87張諮商畢業證書。

經過好幾次的實習助教經驗，寫了過去從未試過的論文——竟然發現寫論文也是有趣的經驗。雖然一開始相當挫折，但是終於在我六十四歲的那一年（二〇一〇年）畢業，拿到了那份得來不易的諮商證書，這也是海文學院近三十年以來給出的第八十七張諮商證書。

行過死亡幽谷

二〇一三年六月六日，我突然摸到自己左邊乳房的下方有個硬塊。確認是不尋常的硬塊後，我立刻上網預約掛號門診。

後來我經歷了一個乳癌病人可能經歷的所有狀況：切片、確診、開刀、化療、放療。

生病治療期間，我的家人、朋友、醫療團隊以及讀書會的夥伴，成為我最好的支持關係。同時在醫生的建議下，我盡量維持正常的生活作息，在治療期間仍然保留了每月一次在家裡舉行的讀書會與電影會談活動。

二〇一四年，我們開始讀陳怡安老師的書《人生七大危機》，因為我深深體驗到在這個社會中，大多數人仍然不願意面對死亡這個議題。經過癌症的洗禮，我想在自己的讀書會上跟同伴們一起探索生命中各階段的危機，特別是最後一章的〈死亡危機〉。

那年的三月十九日，我尚未完成所有治療，不過讀書會要開始讀這本書了。之前陳老師說書已斷版，不能馬上再版是因為書中案例太過老舊，若要再出版，必須要加入新的案例。於是我徵得所有參加讀書會同學的同意，不但全程錄音，同學們還排班輪流把紀錄打成文字稿，好提供給陳老師參考。

我在三月中寫了一封信給陳老師，報告狀況：「上週五開始第一次聚會，讀的是序與前言，已經引發非常熱烈的討論。」並邀請他：「如果我們夠幸運，其中的一次不知是否能邀老師來跟大家見見面、說說話？」

日子飛快過去，九月下旬，我再次給陳老師打電話，想問他還剩下沒幾次讀書會了，看他是否能來跟大家見面。他不在家，接電話的人告訴我，他當時在蘇州，還不確定什麼時候回來。

我們預定在十月十七日讀〈死亡的危機〉，沒想到就在十月十五日，接到陳老師過世的消息。

十月十七日那天，我在網站上下載了一張陳老師在一瓶紅酒前笑得非常開心的照片，放大裝框，買了一大把黃色與紫色的花，找出友人去西藏旅遊時帶給我的藏香點燃，請讀書會的同學們早半小時來我家，每個人輪流用自己信仰的方式，對陳老師的遺像敬禮，然後選一朵花插入瓶中。當每個人都致意之後，大家站成一個圈，一起聽我選的感恩的歌——奧莉維亞・紐頓強（Olivia Newton John）唱的〈感恩歲月〉

（Grace And Gratitude），送給我的恩師。

老師過世後，不論是在蘇州或是在台北的紀念告別式，我都無法參加。但因為我跟讀書會的成員們已經在家中用自己的方式舉辦過儀式了，沒去參加好像也就不遺憾了。

等待幕起

二〇一五年年初的一次聚會上，我與簡靜惠談起了這段經驗。完全沒想到她竟然鼓勵我把這個過程發展成一本書。她說陳老師過世後，要重出《人生七大危機》已不可能，但我們是否可以根據老師七大危機的架構，重新寫出一本新書呢？那一刻，我深深地體會到最初促成這本書問世的她，對陳老師與這本書有著深厚的情感，同時也謝謝她對我有著足夠的信任，才會這樣提議。於是便跟她說，我對這個構想有興趣。

簡姐是個行動派，沒多久就在接下來的會議上要我提出構思。經過考慮，我根據陳老師書中七大危機的結構，把我多年所學配合不同階段的危機，設計出八堂課程，用讀書會加工作坊的形式開課，之後再把內容寫成書。我認為這可能是我紀念陳老師最好的方式了。

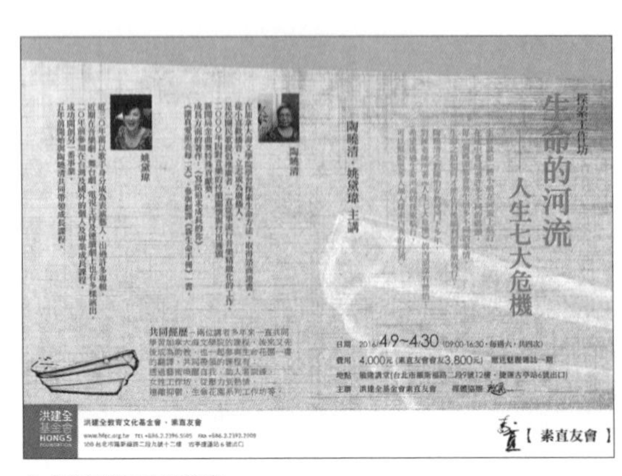

生命的河流工作坊簡章。

於是「生命的河流」課程在二〇一六年四月進行，為期四週。課程部分由我跟姚黛瑋合作帶領，書則由我獨力完成。

簡靜惠找來出版界的老友曾文娟，她喜歡這個構想，在工作坊期間還參加過第一堂課。課程中我們努力收集個案，希望在各階段的生命危機都有精彩的故事。課程結束後，我發現在自己的生命中，幾乎每個階段都經歷過危機，並且也化解或轉化了那些危機。所以在一次跟文娟的聚會中，談到寫出自己生命故事的想法。她十分同意，我也因此而有了更明確的寫作方向。

我在諮商方面受到許多老師的啟發，他們會不時的出現在書中。我最感動的是當我剛要開始帶自己的工作坊時，我寫信給煥祥和基卓，告訴他們我會大量運用他們教給我的理論，並徵求他們的同意。他們的回信是這樣說的：「請隨意使用那些理論，因為其中有些也是我們從他人處學得的。不過請記住，在教學中，你一定要用自己的案例，那才是最有說服力的。」陳怡安老師也常常提醒我們：「真誠的故事是最令人難忘的，聽完演說之後，通常大家會記住的都不是理論，而是故事。」

薛岳第一張專輯唱片的標題，叫《搖滾舞台》，是李宗盛的創作。在一次演唱會上，李宗盛是伴奏樂團之一，他用歌詞描述等待幕起時，就是這種心情，而我，此時此刻，也正是等待幕起的人，期待讀者聆賞。

站在漆黑的舞台　長長的布幕還沒有拉開
你是否和我一樣在期待　一樣在期待
也許你曾經失敗　可是你沒有權利走開
你可知人生就像那舞台　管你愛不愛

多麼希望你的喝采　隨著那節奏慢慢散開
快站起來　不要走開
讓我們大家一起搖擺
（搖滾的樂趣　就在現在）

序幕

我們太容易被往事勾住，
透過回顧，看見自己在過去生命中的哪一個碼頭上，
還留下了至今依然會把自己拉回去的一些重要事件；
是否要被這些事情給牽絆和影響，
是此刻的我可以做出的新選擇和新決定。

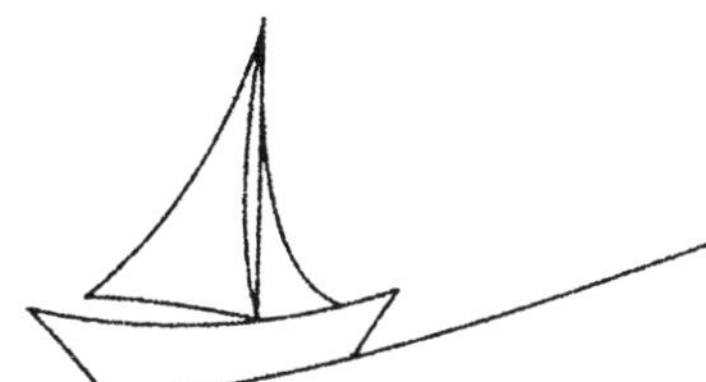

找回失落的自己

在我的原生家庭中，父親和母親需要早出晚歸地在外面工作。在我兩歲和四歲時，家裡分別迎來弟弟與妹妹，而我們都是由住在一起的外婆帶大的。身為老大的我還清楚記得父母對我的期待，就是要做弟妹們的好榜樣。我也一直是個乖巧的孩子，每當大人稱讚我是個乖孩子、好姊姊時，我都會發自內心的感到驕傲。如果說生命像一艘在河中航行的小船，在我的第一個生命碼頭上，我就記住了那個對我一生中重要的訊息——要做個好榜樣。

這個訊息帶給我很多好處，回想起來，從過去到現在面對不同階段的角色，我幾乎都是盡一切的努力去做好：我是個好姊姊、好女兒、好外孫、好學生、好同學、好女朋友、好太太、好媽媽、好員工、好同事、好節目主持人……直到四十多歲的某一天，我赫然發現，除了扮演各種角色外，我好像沒有自我；也就是說，把所有頭銜都拿掉後的我，是個連我自己也還不太認識的人。

當時我最重要的三個身分，是太太、媽媽、青春網的主管。在同事或朋友的眼中，我的家庭美滿、事業成功，是許多人羨慕的對象。其實只有自己知道，我的心裡有某個地方是空的。

我有一些信念支撐著我，比如：勤儉持家、不願意浪費食物，吃不完的剩菜就變成第二天的便當。即使不覺得好吃，還是什麼都不去想地就吃掉了。然而心中不免會抱怨，因為事實上我並不愛吃剩菜呀！我甚至曾有一次脫口而出說，覺得自己好像吸塵器。

小時候的全家福照。

又比如，早上煎荷包蛋給家人吃，我一定會選蛋黃煎破了，或是賣相最不好看的來吃。那時覺得有點悲哀，因為我真的不知道自己究竟是最愛吃荷包蛋、炒蛋、水煮蛋還是蒸蛋。

後來，經過覺察再做出選擇，當面對剩菜時，我或許選擇把它們收好，留到下一餐與大家一起吃；或是當機立斷地當作廚餘丟掉；或是留給自己做為隔天的便當菜。雖然，做為第二天的便當菜仍在我的選項中（因為我還是那個不想浪費食物的我），但卻不再像過去那樣抱怨或覺得悲哀了。

同時，我也開始了自己對於蛋的覺察，每一種不同的烹煮方式，我都完全、仔細地去品味，逐漸明白最喜歡的是煮到蛋黃半生半熟時的窩蛋，盛在飯碗裡，淋上一些湯汁，再吃進嘴裡，這是我感到最幸福的時刻！不想天天吃同樣的，我可以在起床後問自己，今天的蛋要怎麼吃？

回頭一看，做一個好榜樣確實是很重要的動力，在我生命中的各個階段，都能為了達到這個目的而努力不懈，也因此在工作上或是與別人的關係上，似乎都得到了不錯的評價。但是長期下來，我總是把別人或事件放在我之前，「自己」彷彿不見了。就是在一種莫名感到空虛的狀況下，我開始了自己的生命成長課程，一步一步慢慢地試圖找回失落的自己。

這才發現，過去的我沒有真正去思考或是覺察，只是本能地根據某些信念，在盡所謂的「公民責任」罷了。在現實中，並沒有人強迫我去吃剩菜、煮破的蛋，我是有選擇的。每當面臨抉擇的時候，我可以停下來想一想，那真是我要的嗎？或只是為了要完成「當個好榜樣」而做的決定？其實，一個人每天都可以為自己做出不同的決定。

生命河流中的一條船

如果生命像是航行在一條蜿蜒河流上的小船，這條小船會不時停靠在不同的碼頭，比如有一個碼頭是剛出生時的家庭，有一個碼頭是幼稚園，還有隨著成長所需而停靠的各種碼頭。

不論在哪一個碼頭發生特別快樂或傷心的事，就算小船在形式上已經拔錨往下一個碼頭駛去，在心理上，那根纜繩還隱隱地牽繫著小船，未來不論航行到何處，只要發生類似的狀況，熟悉的那種疼痛感立刻會回來，像是一下子掉入時空旅行，內心馬上回到最初事件發生的情境，只覺得小時候的無助感又浮現了，忘記自己已不再是當年那個無助的小孩或是青少年。

在課堂上，我手上拿著自己用硬紙板做成的一條小帆船，船的一邊有一個小小的錨，另一邊則是一串橡皮筋。白板上畫好一條彎彎曲曲的河流，河流的兩岸有著幾個代表性的碼頭，我的工作夥伴幫忙把橡皮筋的一頭固定在某一個碼頭上。我拿著小船（拉著橡皮筋）努力往前航行，不論這條船走到什麼地方，一遇到與過去某個碼頭類似的狀況，我只要把手放開，小船就會彈回原來的碼頭，此時被彈到手的人會馬上大叫：「好痛！」

我們也曾用「生命線」的方式，探索每個人在不同的生命階段經歷過什麼樣難忘的記憶，至今仍然對自己有著影響。它的作用跟碼頭與小船的關係是一樣的。

我通常會帶領學員先做冥想，閉上眼睛回憶自己的生命歷程，看看會出現什麼樣的場景，其中又有哪些故事與人物。

接著在紙上先畫出一條橫線，一頭是出生年，另一頭是現在。橫線上隨時插入直線，標註出對自己重要的年代與發生的人事物，並寫上它對自己的影響。

上課時用的小船。

我們太容易被往事勾住了，在當時那些事可能真的很嚴重，自己也無力解決；現在卻不一樣了，因為我們不再是無助的小孩了。

我最喜歡舉一個影響我很深的例子，那是在我小學階段的碼頭上，父母親從未打我，也很少罵我，因為我一直是個乖小孩，我從父母那裡得到最多的就是欣賞與稱讚。小學三年級時，學校教寫毛筆字，我的毛筆字寫得很不好看，外婆雖然不識字，也看得出來我寫得不夠工整。在她挑剔了幾次後，仍然沒有改善，她氣得把硯台拿起來敲我的頭說：「連幾個大字都寫不好，你怎麼那麼笨！」

從此我對自己寫的字有著深深的自卑感，同時在最深最深的底層，有個聲音告訴我說：「你不夠好，你要一直不斷努力地做得更好！」這個訊息一直跟著我到現在，只是我現在已經不會再被這訊息給控制住。想到過去不論做得多好，都會受到這個內在深藏的聲音所打擊時，真是覺得好冤枉啊！

聽完我的例子，學員們大多會很開心，因為發現我跟他們一樣，雖然看起來名氣似乎大一些，但也只是一個平凡人而已。

重點在於，透過回顧找到蛛絲馬跡，看見自己在過去的生命中，在哪一個碼頭上，還留下了至今依然會把自己拉回去的一些重要事件；同時知道，自己可以決定以後還要不要受到這些事件的牽絆，並且影響了現在的生活。

我要再強調一次，是否要被這些事情給牽絆和影響，是此刻的我可以做出的新選擇和新決定。

我的生命線

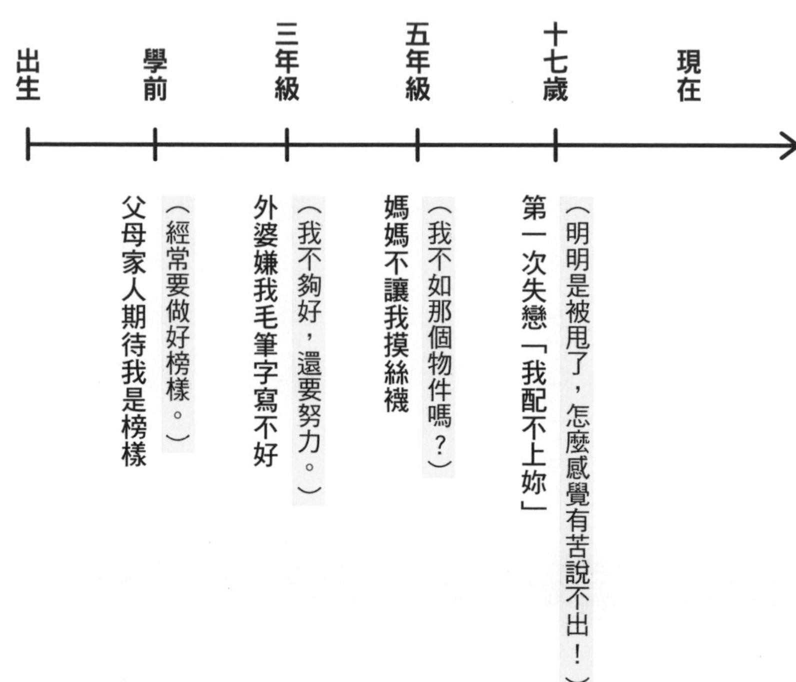
出生
學前
三年級
五年級
十七歲
現在
父母家人期待我是榜樣
（經常要做好榜樣。）
外婆嫌我毛筆字寫不好
（我不夠好，還要努力。）
媽媽不讓我摸絲襪
（我不如那個物件嗎？）
第一次失戀「我配不上妳」
（明明是被甩了，怎麼感覺有苦說不出！）

寫給卓明的信

親愛的卓明：

會跟你親近，是你去美國遊學半年回台之後，想做搖滾歌舞劇，問我誰適合，而我推薦了薛岳給你。又因為看到他在你的調教下，發生極大的轉變，而跟你合作歌手成長班。後來在你的推薦下，我參加了旭立文教基金會的課程。不過那時的我還放不下主持人的光環，你先去了加拿大加布歐拉（Gabriola）島上一個叫海文學院的地方上課。你回來之後極力推薦，你說我到那裡上課，沒人認識，才能放心做自己。

於是我存錢、存假期，真的在一九九二年到海文學院上了近一個月的課，從此我的生命真的就不一樣了！

你是我參加過所有的成長課程當中，真正的第一位老師。所以我發自內心地要深深感激你。

我們認識好幾十年了，曾經一度因為發生了激烈的意見不合，或者應該說是衝突吧，有好幾年彼此都盡可能避免碰到面。那段日子裡，只要在街上看見禿頭的人，我的心跳都會加快。也因此，我知道心裡深處始終是很掛念你的。

因為你的事，我特別去諮商了好幾次，後來聽說你也因為我而找過諮商師。好在這段日子不長，我們諒解了彼此，重新交往。你一定不知我心裡有多麼開心！雖然我們再也回不到從前，不過我滿喜歡現在的交往方式。

有時候我也會想，當時我們的衝突，起因在於我一直把你當成老師，而你卻希望我很快地不要再把你當成老師，而是做為朋友。

過了許久我才明白，當我把你當成老師在對待的時候，心中對你只有尊敬，而沒有把你看成一個對等的人，我相信這樣的位置，你一定常常覺得非常不舒服吧？

對我來說，這也是一生中非常重要的學習，因為與其他人的交往，我也意識到這一點。當別人把我高高地放在上面的位置，我就沒有辦法平等地跟他有真正的對話了！

所以，親愛的卓明，偶爾我還是會不自覺地把你當作老師，因為我們的文化中有某種程度的集體潛意識，也就是「一日為師，終身為師」吧？不過，現在的我多數時候已經把你看做對等的朋友了。

這些年我們分別經歷了重大的、生死交關的疾病，希望我們都能夠相互保重，在未來的老年生活中，可以一直像現在這樣享受著彼此的友誼。

曉清　二〇一七年一月六日

危機的定義

陳怡安在《人生七大危機》的前言中，提到關於危機的幾種解釋。他認為危機是不知如何抉擇，卻又不得不冒險抉擇。危機也是很重要的危險點，但背後是許多的晦暗、模糊不清。危機更是極為重要的轉捩點，同時危機會有應許性。

他把生命中的危機依年齡層分成七大項目，分別是：

1. 出生危機
2. 上學危機

3.青少年危機

4.大掙扎期危機（追求對象、婚姻、工作）

5.中年危機

6.老年危機

7.死亡危機

本書也將根據這七個生命階段一一分別探索。

第一幕

出生時的家庭

我們都需要被愛、被接納、被認同；
每個人都在生命的某個階段，尋找生命的意義，
並希望自己是有價值且享有自由的。
每個人的生命都如此珍貴，
在來到世界的那一剎那，我們的旅程就開始了！

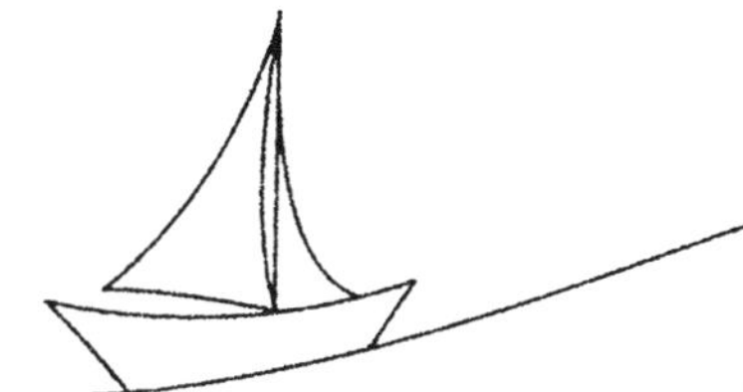

生命中的第一位貴人

我的父親和母親是在中學認識的，父親聽說母親與他是同年同月同日生時，就決心追求母親，後來順利地在十九歲那年結婚，二十歲時在兩人的故鄉蘇州生下了我。

從很小的時候，我就知道母親不論到何處都一定會帶著外婆，她們母女間充滿各種情結。在我開始對家族探索時，長輩們都已過世，只能根據一些記憶與推論來猜測。

外婆對我的父親一直很不滿意，但是在我心中，父親可是世界上最好的男人、最棒的爸爸。所以我猜測我是個所謂的「Love Child」（愛的小孩），因為有了我，他們不得不趕快結婚。由於蘇州的親戚朋友太多，對好面子的外婆來說實在感到丟臉，因此有新的工作機會時，這對年輕的夫妻帶著十個月大的我和外婆，來到台灣展開全新的生活，那年是一九四七年初。

媽媽說，我是在將近午夜的時候出生，是產婆來家中接生的。生下我沒多久，外公打完麻將從外頭回家，知道添了外孫女，很開心地來看我，我正好伸手打呵欠，外公就說：「那麼小的嬰兒就會打呵欠了，真是可愛！」

幫我接生的產婆是我生命中的第一位貴人，因為我在打呵欠時，她看到我舌頭底下的那根筋與舌尖幾乎相連，於是告訴媽媽，一定要在做月子時帶我去看醫生，把它剪開一些，否則以後說話會口齒不清，也就是俗話說的「大舌頭」。媽媽擔心剪開那根筋會不會很痛，產婆說：「就跟剪指甲一樣，小娃娃不會有感覺的。」

如果那位產婆沒有留意到我的狀況，後來就絕不會有一個一輩子從事廣播工作的我了。

媽媽與嬰兒時期的我。

參加家庭重塑課程

我在台北上的第一個成長課程，是一九九一年旭立文教基金會所舉辦的家庭重塑課程，由鄭玉英和王行兩位老師帶領。每週一次，每次三小時，十二堂課為期約三個月。我一共參加了兩個梯次，非常享受可以在課堂上彼此敞開心胸，分享生命故事。

課程中，有時學習理論，有時會幫助某位學員用心理劇的方式做家庭重塑。先了解需要探索的故事內容，安排扮演重要角色的人選，準備簡單的道具——通常是一些椅子、墊子和大量不同顏色的布。心理劇的主角會找人扮演自己的替身，而自己則在一旁觀看；之後主角會進入劇中再演一次，體會身體的感受。

這個過程深深地吸引了我，雖然自己沒有當過主角，但偶爾被主角選出來扮演配角時，也都能有所覺察與學習。

後來，鄭玉英老師離開旭立文教基金會，開始經營「返璞歸真心理工作室」。老同學們說服鄭老師用更長的時間來做更完整的家庭重塑，約定的上課時間長達一天半：第一天晚上、第二天上午與下午，連續九小時。我非常幸運地成為主角之一，就在一九九二年三月二十八、二十九兩天，在同學與老師的幫助下，重塑了我的父系家庭、母系家庭，以及自己的原生家庭。

當年的日記中記錄著：

三月二十六日

回家時已經七點多了，跟小虎吃完飯之後，我畫了我的家庭圖；球兒回來之後，又幫忙我寫年度流程表。很開心，我覺得這個晚上的品質很棒！

（薩提爾的家庭圖需要家人完整的資料，這部分我早在之前的課程中完成。為了這次的探索，我重新統整出三大張家庭圖，一張是父親的，一張是母親的，一張是自己的。因為總認為自己的字不好看，所以在跟小兒子小虎吃完飯後，等大兒子小球回家來幫我寫大字報。）

＊＊＊

三月二十八日

今天很開心的是所有該來的人都來了，在例行的自我介紹之後，我先說故事。把父系家庭、母系家庭都介紹完，再說核心家庭。然後我選角色，其實我早在心中想好一些主要的人物了：父親殷正洋、母親賈志筠、弟弟蘇來、妹妹……

我很佩服鄭玉英和王行，他們先鋪一條長白布，一頭是十九歲的我，中間是我工作生涯的頂點階段，另外一頭是我目前的狀況。我找了三個替身，第一個狀況我找了景淳，她的姿態是正要出發的樣子，臉上帶著笑容，眼光看著前方，雙手向前，昭告世人：「我來了！」第二個階段的我站得比較高，不用辛苦地做任何動作，臉上仍掛著笑容，可以隨意地轉身做任何事，這個「我」是蕙芳扮演的；第三個部分是賈志筠扮演，駝背、腳步遲疑，雙手抱胸。我從第一點、第二點再走到第三點時，背上又多了一個重重的皮包，我真的很辛苦，不但不再興奮，而且思前想後。

以上是第一幕。

接下來是父系家庭，祖父、祖母婚後相敬如賓，伯父出生，姑媽出生，很和樂。又過了八年才有了我的父親，他得到祖母和姑媽的疼愛，把他抱著、護著。我的小叔叔出生沒多久就過世了，父親對此事沒有太強烈的感覺。但他十四歲時，祖父去世，已出嫁的姑媽回來奔喪，突然肚子疼，十七天後她也去世了。這時只剩下祖母疼他。沒想到過了幾個月，祖母也去世了。

面對地上三團黑布包住的死者，每個人當然都有不同的心情。這時，我必須去扮演父親，跪在那裡，只覺得慌張，心中麻木。原本斜掛著亮麗的黃色布條，如王子一般被捧在手掌心的孩子，突然在一年之內，失去三個至親，扯去身上的黃布條，掛上了一條黑布條。

以上是第二幕。

＊＊＊

三月二十九日

一整天繼續做我的家庭重塑。

母系家庭是從外婆生了兩個死胎之後，姨媽來到這個家庭開始的。外婆與外公間有著長長的距離。之後母親來到這個家庭，因為被指望是個兒子，所以從小剃光頭，十二歲才穿回女裝。外公老往上海跑，工作在那裡，心也在那裡——外公在上海有個小老婆名叫老七。十四歲的母親，對於在蘇州母女三人相依為命的生活是不怎麼感到快樂的，但她總是可以用盡一切方法，逃開外婆試圖包在她身上那代表抱怨和仇恨的黑布。當她們後來跑到上海投奔外公時，她把某些感官關閉起來，只抓住她要的歡樂，她拉住她想要的那塊只有一小角的黃布，並設法用它包住全身。

我的父親和母親，在初戀的時候就互相吸引，並在十九歲那年就結婚。妹妹懷疑是奉我之命而結婚的，我也認為很有可能。如果真是這樣，當時外婆一定罵死了。還在上海的老七，反而出面做主讓他們結婚了。當二十歲的爸爸、媽媽手中抱著十個月大的我，後頭跟著外婆，出發來台灣面對新的工作與生活時，他們的前面赫然竟是跟我十九歲那年對未來大喊：「我來了！」時一樣的白布！我知道我的力量與勇氣不是out of nowhere（毫無緣由），而是其來有自的。

這是第三幕。

我小時候在台北的家，雖然經濟環境並不很好，但媽媽像個火車頭，帶著我們往前衝，爸爸在後頭不時揮動著他所熟悉的黑布條，提醒那位身披黃袍的女人，生命中隨時有憂傷。但是她頭也不回地說：「沒關係的，眼前的快樂比較重要！」

這是第四幕。

我十四歲那年，父親的車行出了狀況，有人來討債，最難受的是，外婆也在討債人之列。可是債權人之中也有安慰爸爸的，說年輕人總有跌倒的時候。我記得有一晚媽媽跟爸爸吵架，她哭著說：「那離婚好了！」我在邊上也哭著說：「你們離婚，我就去死。」這一幕我印象深刻。扮演爸爸的小洋說，從此這個女兒更貼心了。扮演媽媽的志筠則說，媽媽覺得女兒從此站在爸爸那一邊。那時我的感想是，爸爸的位置確實是比媽媽更高一些了。

這是第五幕。

我站在所有親人的中間，先由他們告訴我剛才扮演的是什麼角色；再由我一一告訴他們，在不同的角色身上，我學習到了什麼：

從祖父身上，我看到了深思熟慮，祖母則是慈愛，姑媽很願意照顧弱小。外公非常無可奈何，卻做出一副無所謂的樣子來；外婆則一直不停地抱怨與碎碎唸，老七很凶悍不講理，但是很會軟硬兼施，姨媽則是一副熱心腸。從父親那裡，我看到了憂傷與責任，他對家人充滿了愛心；我的母親則很會找樂子，也愛管別人家的閒事，還有弟弟的放鬆與妹妹的據理力爭。

我跟每一位生命中的重要人物擁抱，並謝謝他們。抱著父親時，我好想好想他，完全無法控制淚水地對他哭訴：「再也沒有一個人像你這麼疼我了。」還有關於我弟弟的部分，學員中有人替他不平：「你們騙我，說陶家的孩子只要健康快樂就好，其實不是的，因為那是不夠的！」

（爸爸媽媽常告訴我們：「你們只要快樂健康就好。」但是在我的家庭重塑過程中，很顯然有人看出來，光是快樂健康還不夠，而我弟弟也因此受了苦。）

後來夢見我繼續做了關於弟弟的心理劇，醒來卻什麼都不記得了，但也可見這是我的一個遺憾！

***

三月三十一日

前兩天做了我的家庭重塑，我的心情波濤起伏，在二十九日晚上特別沉重，無法看書，一直在想家族的事。我分別在昨天和前天把我的家庭重塑過程告訴兩位小朋友，他們聽了也覺得很難忘。

這個過程對我非常有幫助，後來我去加拿大海文學院參加階段一課程，探索我的個人成長經驗時，很清楚家族中的事，也促使我繼續學習，後來甚至自己帶課程。

薩提爾的啓發

葛茉莉是美國家族治療大師薩提爾的好友兼弟子，薩提爾過世後，她不遺餘力繼承志業，一直在世界各地將薩提爾的理論發揚光大。

二〇〇四年年底，我又來到加布歐拉島，參加每年年尾舉辦的回顧與前瞻

（Reflection）課程。在那裡再次遇見我喜歡的老太太葛茉莉。她在台上分享這一年來在中國教學的故事，並告訴我們，她希望未來可以到大陸去做更多的工作，但她擔心沒有翻譯人員。那時我深深被這位老太太感動了，希望自己也能像她一樣，一直工作到八十多歲，依然如此熱情而有活力。

於是明知自己二〇〇五年為了「民歌三十」的事可能會很忙，我還是鼓起勇氣走到她的面前，握著她的手說：「你說的那段話讓我非常感動，雖然我明年會很忙，但是如果你有需要，而我的時間也能配合的話，我願意去做你的翻譯。」老太太看了我一會兒說：「你從來沒有參加過我的課程，你認為你可以幫我翻譯嗎？」

葛茉莉早在一九八〇年代，就與台灣結緣，然而每當她在台灣有初階課程時，我經常因為時間而沒有辦法配合。由於她的進階課程有資格限制，就是必須上過初階課，所以時至今日，我始終沒有機會幫她翻譯。不過，我並不覺得那是太大的遺憾，我當時告訴她，雖然沒機會參加她的課程，但是我的第一次成長課就是從薩提爾的家庭重塑開始的，對我有非常深刻的影響。

我非常享受關於薩提爾理論的教學，怎麼畫家庭圖，怎麼把自己、他人與情境三者加以平衡，還有四種最常見的防衛機制，以及冰山理論。

冰山理論

薩提爾認為，人的內心正如在海上的冰山，通常呈現在外的只是冰山的一小角。自我介紹的時候，我們多半會告訴別人自己的姓名、是哪裡人、目前的身分——比如在家中扮演的角色，或是在職場擔任的職位——這極小的一部分，也是自己想讓別人看見的部分。

更大的部分是在海平面下方。第一層就是我們平常遇到困難時，毫不猶豫就會使用的一些**應對姿態**。

第二層是**感受**。喜怒哀樂是每個人一定會有的感受，當我們還是小孩子，想哭就哭、想笑就笑，不知道從什麼時候開始，我們學會了控制自己的感受，切斷了與感受的連結。

第三層是**觀點**，包含了信念、假設、主觀現實與認知。在什麼樣的家庭中長大？是否有宗教信仰？在鄉下還是在都市？獨生子女或是有很多兄弟姊妹？進到學校遇到什麼樣的老師？班上同學又是用什麼樣的方式互動？這一路成長的過程，我們都會採用對自己有利的相信系統，這些信念也就逐漸形成了自己的觀點。

薩提爾的冰山理論圖

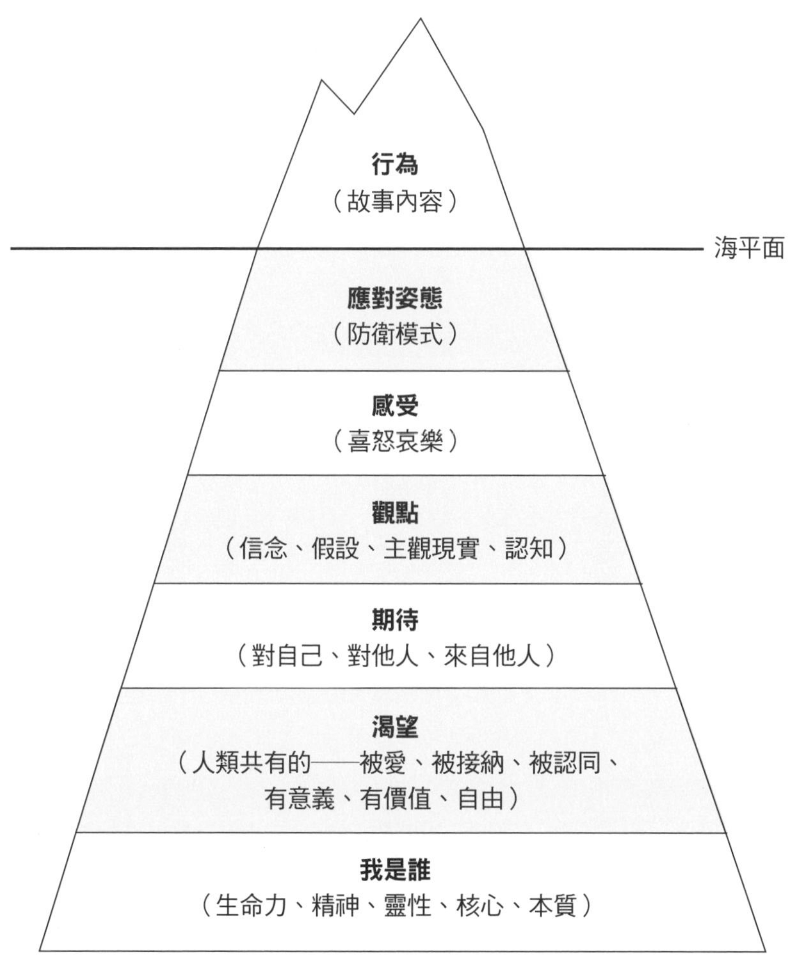
行為
（故事內容）
海平面
應對姿態
（防衛模式）
感受
（喜怒哀樂）
觀點
（信念、假設、主觀現實、認知）
期待
（對自己、對他人、來自他人）
渴望
（人類共有的——被愛、被接納、被認同、
有意義、有價值、自由）
我是誰
（生命力、精神、靈性、核心、本質）

第四層是對自己與他人的**期待**，以及他人對自己的期待。還在媽媽肚子裡的時候，就接收到了不少關於期待的訊息，出生後更是免不了要面對全家人的期待。從小知道在這個家裡什麼事是可以做的，什麼又是禁忌。小時候他人對自己的期待，逐漸內化成自己對自己的期待，有時候完全照著他人的期待去努力達成，有時候剛好朝著跟他人期待相反的方向而去。同時，我們也會對他人有所期待。

第五層是人類共有的**渴望**，不論任何性別、種族、年齡，被愛、被接納、被認同、生命有意義、有價值、享有自由，都是身為人類的我們所共有的深層渴望。在國外上課時認識許多不同國籍的人，在不同文化中，生活會有些不一樣的境遇。不過只要更深入去探索，就會發現在表層之下，把我們緊緊連結在一起的，就是我們都需要被愛、被接納、被認同；每個人都在生命的某個階段，尋找生命的意義，並希望自己是有價值且享有自由的。

第六層是幾乎每個人遲早都會問的問題——**我是誰**？我的生命力如何？在精神與靈性上，每個人或早或晚都會去探究，有些人藉著信仰宗教，或是探索與靈性相關的議題，也有不少人關心自己的核心價值是什麼，或是身為一個人，「我」的本質到底是什麼？

找回內心最真實的聲音

我剛開始上課的時候，總是很努力地回答老師，我的感受是什麼；老師卻說，那是我的想法，並非我的感受。於是我更努力地去想我的感受是什麼，老師還是說，那依然是我的想法，不是我的感受。

我過了好一陣子才恍然大悟，原來從腦子裡出現的都是想法，感受是在身體層面發生的。我必須要不斷地練習、不斷地覺察，才能逐漸把真實的感受一一找回來。從小接受的教育告訴我，在別人面前表達憤怒是沒有教養的事，所以我學會絕對不可以在別人的面前發脾氣；至於悲傷，我從小就知道最愛我的父親希望我健康快樂，每當我生病或是遇到難過的事情，我就會在爸爸臉上看到他憂傷的面容，於是我告訴自己：「爸爸那麼愛我，我怎麼可以讓他難過呢？」因此我很快地轉移，讓自己從憤怒或是悲傷的情緒裡脫身而出。一直到很久以後，我才知道我只是在照顧爸爸的情緒，卻忽略了自己內心最真實的感受。

在所有的感受當中，可能我們最害怕表現的是憤怒與悲傷。有意思的是，在課程中發現，有些人最不容易表現的情緒竟然是快樂。這些都是有原因的，每個生命都有自己獨特的原因。

在我們的文化中，經常報喜不報憂，很自然地只跟他人分享喜樂，憤怒與悲哀往往獨自承擔。想想，如果你只呈現喜樂的一面，就像一朵只開了一半的花，沒能全然綻放，那是多麼可惜呀！

四種應對姿態

為了保護自己，每個人都學會了用各種招式來防衛或控制，我們稱之為「自動化反應式的防衛機制」。薩提爾把它歸納成四類，各有各的姿勢，在自我、他人與情境中，也各有不同的狀態：

指責型的人，姿勢就像一把茶壺，一隻手插在腰部，另一隻手用食指向外指。課堂上當學員模仿這個姿勢，大聲說出：「都是你的錯，你是怎麼搞的？你怎麼老是做錯？」有些學員反應說：「好熟悉喔。」有些學員則反應說：「好難哦，我都說不出來！」**指**

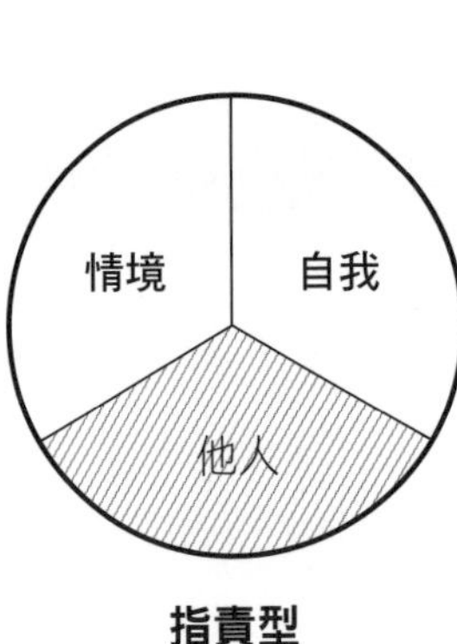

指責型

責型的人是沒有他人的。

討好型的人，姿勢是單腳跪在地上，一隻手放在背後，另一隻手手心向上，好像在跟別人要什麼似的。學員們在模仿時要說：「你說得對，都是我的錯，我只想讓你高興。」同樣的，會有一些人覺得熟悉，有些人完全做不到。**討好型的人是沒有自我的**。

超理性型的人，姿勢是雙手抱胸，一腳前一腳後地站著，頭部微微上揚，目光朝向遠方某處。這類型人很愛找數據和客觀的分析，說話時經常引經據典，並且語調是很單調與枯燥的。學著去做這個姿勢時，學員們遇到的困難是不知道要說什麼。**超理性的人是沒有自我也沒有他人的**。

打岔型的人，姿態最有意思，彎著腰，頭與雙手都垂下來，隨意走動，在自己的世界裡，跟身邊的人完全沒互動。模仿這個姿勢時因為不需要講話，也不

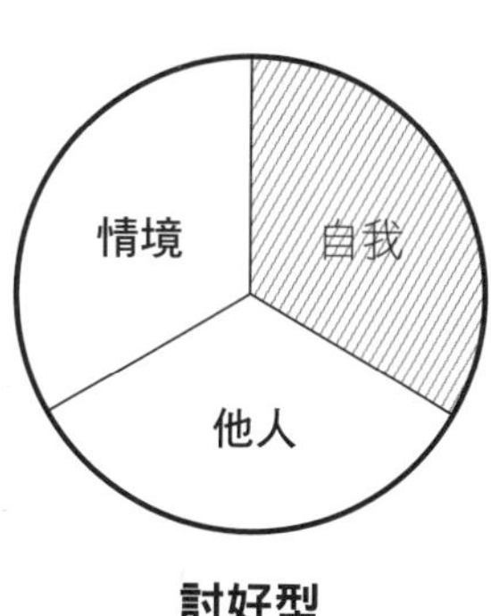

討好型

情境

自我

他人

超理性型

需要跟別人互動，每個人可以沉溺在自己的世界裡自得其樂，所以大家都玩得很開心。**打岔型的人三者皆無**。

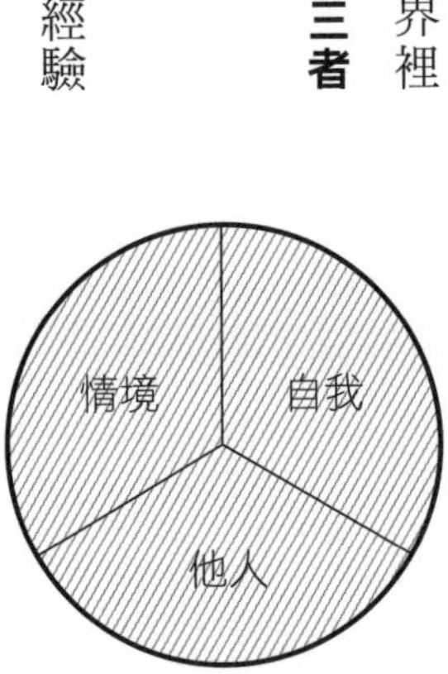

情境　自我　他人

打岔型

每個人從小面對的生存條件都不一樣，生命經驗也各不相同，所以各自都會挑選最適合自己的防衛模式。同時因為最初使用時就發現它非常好用，能防止自己受傷，或是幫自己得到想要的東西，後來就越來越順手，以致於只要一有狀況發生，想都不想就用上了。這些防衛模式，就變成了保護我們的好朋友。

問題在於日子久了，它已經變成一種即時反應或是制約，有時候其實根本不需要用它，但我們總是不自覺地一用再用。也因此產生了很多的副作用，比如：指責型的人內在其實是很緊張、很焦慮、很恐懼的；討好型的人內在很無助，認為自己一無是處、毫無價值；超理性的人沒辦法表達感覺，也常常感到脆弱與被隔絕；打岔型的人往往覺得沒有人在乎自己，哪裡都沒有自己的位子，自己是失去平衡的。

當然這些「好朋友」，也會帶來一些好處，否則我們不會一再使用。指責型的人很會自我肯定，也擅長掌控事物；討好型的人很敏感，會關心他人，也很善於配合他人；超理性的人擅長分析問題，會是很好的幕僚；至於打岔型的人則很有創造力，同時是個幽默有趣的人。

在課程中，學員們會思考並決定自己是屬於哪一類型的人。當然有時候不免會有些迷惑，覺得每種型自己好像都有一些，到底要去哪一組呢？有時候，聰明的人還會在不同人身上使用最有效的招式。其實就是要找出自己最常用的、最擅長的、完全不經思索就會出招的那一個，那就對了！

我最初認為自己是超理性型，後來發現自己竟然是超理性的討好型。因為我很害怕與人衝突，總是希望大家都滿意、開心。一有什麼狀況發生，我就會想：「是不是我的問題？」所以我一直以來，經常用擅長的超理性分析，合理化了自己的討好行為。

分組完成後，每組要討論出他們的特質，再把這些特質分成正、負兩方面。正面是帶給自己什麼好處，負面是對自己有什麼不良影響。討論後，要寫或畫在全開的白紙上，全體組員各自以最擅長的方式——指責型的用指責的方式，討好型的用討好的方式，在其他幾組面前呈現出來。

這個部分往往是課程中最具娛樂效果的，幾乎每一次發表，都引發其他組學員的哈哈大笑。試想一群打岔型的人，用互相打岔的方式呈現彼此的優缺點，那會是什麼樣的場景？指責型的人一直在指責對方，同時要完成任務，又會是多麼可愛？

內在和諧與平衡的一致性

薩提爾最後提出了一致性，希望我們能在說話的時候，言語、身體姿勢、聲調都能和內在的感受是相符合的，同時能夠說出對感受的覺察。

他認為當一個人的行為和言語一致時，內在的經驗是和諧與平衡的，於是能夠展現出自我的價值。這樣的人多半身心健康，內在的資源也豐富。自己、他人和情境全顧及了，因此是很莊嚴的。**一致性的人三者兼顧**。

一致性

出生時的家庭圖

在課堂上，我會邀請學員回憶出生時的家庭有哪些成員，參考薩提爾的家庭圖在紙上畫出自己出生時的家庭圖。女性用圓形圖表示，男性用方塊圖示意。「我」一定要放在整張圖的正中間，當時的家人圍繞在「我」不同的地方。大家都定位後，要加上以「我」為中心放射出去的線條，箭頭對著某位家人，沿著線條請寫上「我」對這個人的感受。第二條線的方向剛好相反，是對方射向「我」的箭頭，也要沿著線條寫下他對「我」是什麼感受。寫完「我」跟每個人之間相互的感受，成員彼此之間的感受也要設法完成。這時我會請學員們審視這幅他出生時的家庭圖，仔細思索他從每位家人身上有著什麼樣的學習，並在紙上找個地方一一寫下來。再假設要把這張圖送去參加畫展，為它命名。

接著是找兩位或三位同學進行小組分享。許多學員給的回饋是，做完這個功課，似乎更加明白自己與家人的關係，還有從他們身上學習到的，常常讓人驚訝不已。

我會請同學把這張出生時的家庭圖好好珍藏，因為每個人的生命都如此珍貴，在來到世界的那一剎那，我們的旅程就開始了！

我出生時的家庭圖

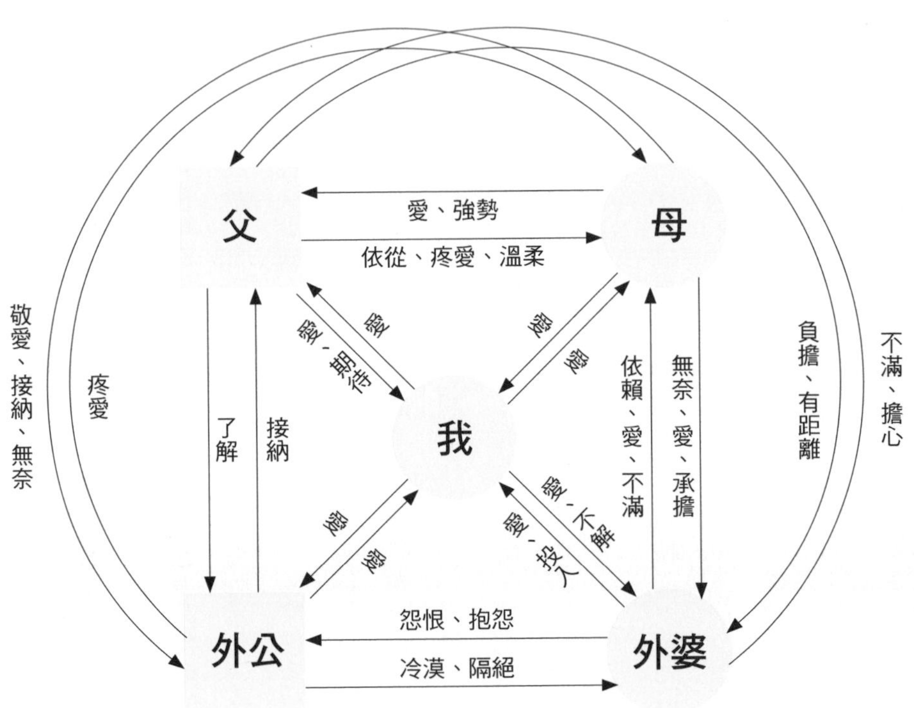
父
母
我
外公
外婆
愛、強勢
依從、疼愛、溫柔
愛
愛、期待
愛
愛
依賴、愛、不滿
無奈、愛、承擔
了解
接納
愛
愛
愛、不解
愛、投入
怨恨、抱怨
冷漠、隔絕
敬愛、接納、無奈
疼愛
負擔、有距離
不滿、擔心

寫給鄭玉英、王行的信

親愛的玉英、王行：

我完全沒有想到，竟然還留著當年你們替我做家庭重塑時所寫下的日記。重讀一次時，心中充滿了感激，感謝你們願意完全的陪伴，並獨具慧眼地把我跟父母在十四歲時的生命故事串在一起，透過簡單的道具與象徵性的布條，讓我在很短的時間內，親身體驗了家族中很多人的感受。

重讀當年的日記，重溫當時的學習與感受，我也好感謝一起參與的所有夥伴，他們投入的角色扮演，誠心分享自己生命的過程，每個故事都更加充實了我的生命。

因為曾經做過這樣充分的回顧，當我終於有機會去海文學院上課的時候，我似乎隨時可以打開抽屜，找出自己生命中的種種過往，看看它對我有著什麼樣的影響，然後可以決定自己未來的路要怎麼走。所以，我也感謝自己，願意探索自身的歷史。

玉英，在你的身上我看見非常優雅的氣質，當時我就在心中許下了一個未曾告訴過別人的願望——如果有一天，我可以從事類似的工作，一定不會忘記你給過我的那份溫文儒雅、不疾不徐與耐心傾聽的特質。

王行，我特別感謝你，當我的孩子在青春期遇到困難時，你曾經是我們的諮商師。從你的身上，我學會了面對任何困難要先了解整個狀況，不要一下子慌了手腳。你曾是我節目的固定來賓，我們談到婆媳關係的那一次節目，我牢牢記著——不把媳婦當女兒，因為她跟自己媽媽的關係是她們的事，要把她看成一個愛你兒子的女人。我離開中廣公司的最後一集節目，你是特別來賓，謝謝你那時陪伴著我用樂觀與開朗的心情，共同經歷了一次悲傷與失落的經驗。

我還留著你們兩位所寫的書，你們帶我做的家庭重塑過程，幾乎是完美地運用了心理劇的手法，以致於後來我特別喜歡心理劇。目前在我的助人工作中，每當需要處理個案時，心理劇也是我最得心應手的方式之一呢！回想起這一點，也要深深感謝我們多年前所結下的因緣吧！

曉清　二〇一七年一月十六日

補記：二〇一七年七月十六日，驚聞王行過世的噩耗，心中極為不捨，我又送走一位比我年輕得多的老友。

01 *step*

出生危機

陳怡安在《人生七大危機》提到的第一個危機，是出生危機，分為五個段落：

第一段說的是當母親的危機，她需要面對的問題包含：重新調整夫妻關係、無法控制嬰兒性別與身體上的不舒服。

第二段談到嬰兒的危機，嬰兒是在完全無助的狀態下依賴著大人，只能靠哭來表達需要，因此照顧者能否回應嬰兒的需要，影響至關重大。

第三段談到人格發展的危機，如果父母無法回應孩子的需要，可能會導致嚴重的挫折感，以致對人生沒有盼望，沒有安全感與信賴關係。

第四段特別強調飢餓的敲擊，心理學家艾力斯本認為，有了飢餓或其他需求的刺激之後，人才會要求滿足，人格才能發展成為健康的心靈。暴露自己的需要，別人才可以知道問題何在，並做出回應。

第五段談到希望我們向嬰兒學習，讓自己是能暴露問題與說出需要的人，同時學習去深聽、接受與回應別人的需要。

第二幕

大人的眼睛

不論我們過去是如何被大人用各種鏡子照看，因此習慣用這樣的鏡子去照看自己、他人與世界，只要自己願意，隨時可以在有覺察的情況之下，學習用平光鏡來看見自己、他人與世界。

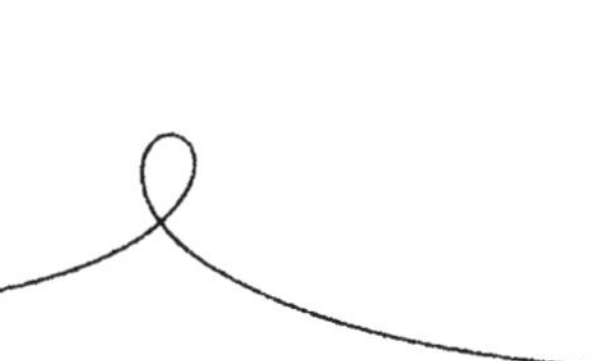

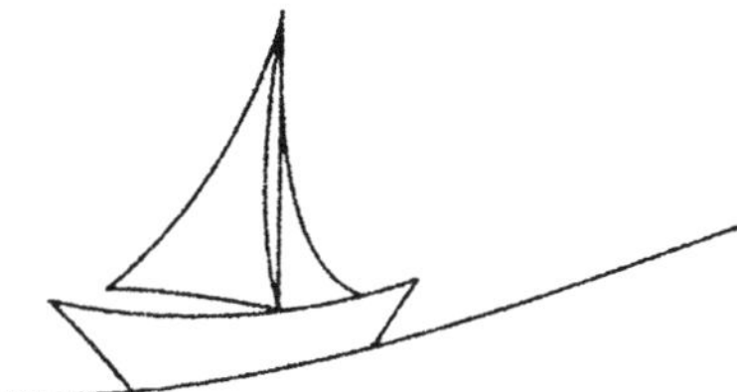

童年往事

對於離家上學的經驗，我已經記不清了，聽媽媽說我曾經去考過女師附小，但是沒考上，後來也不知怎麼進國語實小的。

我在學校不是功課好的學生，成績在中等上下徘徊，不過我非常喜歡參加課外活動。

也不知為什麼，我老是帶著小四歲的妹妹參加各種活動。有一次學校播放一部有關血液的教育影片，用動畫方式介紹白血球、紅血球和血小板的作用，妹妹說，這部影片給她打下了後來研究科學的種子。又有一次，學校老師的課外活動是讓我們用盤式錄音機錄一齣廣播劇，妹妹也分到一句台詞，扮演一個小角色。這兩件事我都記得十分清楚，那位老師誇我聲音好聽、國語字正腔圓，他的鼓勵，或許是促使我走上廣播之路的啟蒙吧！

鄰居林幸子是我的好朋友，她媽媽是日本人，爸爸是台灣人。我老在他們家進進出出，那時我會說一些日本話，稱呼林媽媽為歐巴桑。我們最愛一起給紙娃娃畫新衣服，只要有色筆、剪刀、紙，隨時可以發揮創意，在設計好的新衣肩上各留一個可折疊的小方角，剪下的新衣立刻讓紙娃娃面貌一新。我跟林幸子成天在一起玩，有時候甚至在他們家洗完澡才回家睡覺。他們家當時已用熱水器燒洗澡水，熱水放入一個人可以坐進去的木桶中，我先在桶外抹肥皂把身體洗乾淨，再坐進桶子裡泡湯，實在很享受。

胖胖的林媽媽常常在我們玩得正開心時，端一盤水果或是小點心來給我們吃，她的臉上總是堆著笑。我跟林幸子還做過一件現在看起來很不衛生的事，我們把嚼過的口香糖放在杯子裡，存進她家的冰箱，第二天拿出來繼續嚼。

從小就是乖寶寶的我。

小學三年級升四年級的暑假，我照樣天天往林幸子家跑。等學校快開學時，我才驚覺暑假作業只寫了一點點。那時的暑假作業一天只要寫B3大小的一頁而已，但是我只做了一小部分，眼看是怎麼也趕不完了。我還記得爸爸、媽媽看著我發愁的面容，他們不了解這個一向不需要操心的乖女兒，怎麼這次闖了個大禍？不過，他們沒有大聲斥責，也沒有處罰我，只問了我一句：「你看，現在要怎麼辦？」我拚了命地寫作業，也知道一定沒辦法在開學前寫完。他們讓我懊惱、著急與趕工兩天之後，就加入了幫我寫作業的行列。（我先生說，這種事絕不會發生在他們家。可以想見我們成長的家庭是多不一樣啊！）

對我而言，這真是很大的教訓哪！十分羞愧的我，從此懂得要為自己的行為付出代價。那種感覺如此不好，我發誓以後絕不再犯相同的錯誤，再也不要陷入那麼難受的情境了。

林幸子一家在我四年級那年搬到公館附近的山上。我曾經帶著弟妹與附近鄰居家的小孩，一行人浩浩蕩蕩地搭公車去公館看望他們。林爸爸正在用水管給自家種的絲瓜藤澆水，他熱情地招待我們吃吃喝喝。回程時我看錯站提早下車，好在我的方向感不錯，沒有迷路，順利帶著一群小朋友回到家裡。

後來林幸子一家去了日本，我的日文從此忘光，我們也失去了聯繫。我曾把跟林幸子之間的友誼以及對她的想念，寫成一篇文章，參加《皇冠》雜誌的徵文比賽得到優勝。不過雜誌上只刊登前三名的文章，未曾刊登十名優勝者的文章，這篇文章就永遠的消失了。

兒子們的上學經驗

一九七一年六月十一日下午，我生下了大兒子馬世芳，他是我和先生雙方家庭裡的第一個第三代，因此出生時備受關愛。也因為那時候我在電台的工作比較輕鬆，除了每個禮拜到電台去錄三次音以外，幾乎可以算是全職媽媽了。

世芳出生時，我沒有指定醫生，在產房中是由值班醫生接生的。我那時不明白為何過了將近兩天還生不出來，後來才知道是因為沒有指定醫生，值班醫生並非不盡責，而是對我的狀況不是那麼了解。我在產房陣痛了將近兩天，子宮口一下開了兩、三公分，一下子又停留在原狀。後來有位醫生認為我的羊水一直沒有破，可能是子宮口的那層膜太厚，就幫我戳破了，孩子才開始有生的跡象。不過累到沒力氣的我，實在太難用力了，醫生就用產鉗幫忙夾出孩子。因此，我先生第一眼看到小娃娃時是不太滿意的。他回病房告訴我說，小娃娃全身皮膚都皺皺的，長得不像他也不像我，倒有一點像很有名的諧星蔣光超，聽得我還真的有點擔心起來。

因為黃疸，小娃娃不能跟媽媽一起出院，必須再留院觀察兩天。我這個傷心的媽媽只好先回家，等著孩子回來團聚。幸好兩天後小娃娃真的安全回來了，原先皺皺的皮膚變得飽滿粉嫩，全身上下圓圓滾滾的，我們就給他取個小名叫「小球」。小傢伙很快就長得非常漂亮、可愛。這個得到所有家人疼愛的孩子，個性也十分溫和善良，就在大家的呵護下逐漸成長。

等到他該上幼稚園的時候，我肚子裡已經懷了老二，所以我們早早就一直在幫他做心理建設，告訴他到學校去會認識新的小朋友。上天的安排果然巧妙，小球去上幼稚園的第一天是一九七四年十月二日，剛好也是他弟弟世儀出生的那一天。

前一天晚上，我開始陣痛，趕緊收拾好衣物，把小球送到外婆家，就急急忙忙地進了醫院。所以他弟弟大約在上午十點多出生，剛好他爸爸從外婆家送小球去上學後趕回醫院，在電梯口遇見我媽媽，她笑咪咪地騙他說是個女兒。

等我從產房回到病房，迫不及待地問孩子的爸：「小球上學還好吧？」他微笑地說：「我把他送到學校門口，他就自己進了校園，然後回頭笑著揮揮手說：『爸爸再見！』完全沒事兒！」

實在沒想到，這個孩子第一次離家進入一個陌生環境，竟然如此自在和愉悅。（後來才知道，他進到學校裡還是哭了，好在老師馬上給他一張著色畫，他投入畫圖後就忘記了害怕。我聽說後感到心疼，這孩子跟我很像呢，是個不想讓爸媽操心的乖孩子。）我想，無論是外公、外婆與太婆的疼愛，或是在祖父母家中得到的關注，應該給他足夠的安全感了，他確實是全家關注的對象。

同時我也花了滿多時間陪伴他成長，常常教他唱兒歌。每學會一首新兒歌，就會在外公、外婆家裡唱給他們聽，當然得到的也是一再的讚許。

懷第二個孩子時，感覺與第一個完全不一樣，讓我以為這次會生女兒。媽媽對於這個孩子的到來特別開心，因為在我家已經有三隻老虎了。父母都屬虎，他們二十四歲時剛好又是虎年，在有了一兒一女之後，他們決定要再生一個屬虎的孩子，所以就有了在十二月出生的我妹妹。而我即將要生一個「小虎」，對我的父母來說，真是再開心不過的好消息了。

由於有了前一胎未指定醫生的慘痛經驗，這次我不但指定了醫生，還在他的建議下使用了減痛生產——陣痛加劇時在脊椎打一針減痛，不會影響生產過程。就在小球第一次去上幼稚園的那天上午大約十點多，小虎降臨人間，來到我們家。醫生告訴我：「恭喜你，是個兒子。」還有些迷迷糊糊的我，第一個反應竟然是有些失望，所以說的是：「嗄？」

醫生聽出我語氣中有些失望，很不客氣地說：「我幫人接生那麼久，生兒子還從來沒有人像你這樣的，你要高興啊！」

我馬上轉換情緒，並且感謝這位醫生的直言。本來是男是女都是在我們的期待下加入這個家庭的，由於孕期的感覺完全不同，才會期待生女兒，我媽媽也才會開玩笑地騙我先生。我提醒自己，以後不要再把希望是女兒這件事放在心上了。

小虎出生沒幾個月，我接下鄉村音樂歌手羅麗塔・琳（Loretta Lynn）的傳記書《礦工的女兒》翻譯，因為喜歡這位純真、努力又傳奇的歌手，這也是我第一次接受翻譯書的挑戰，所以壓力很大。

照顧一個孩子跟兩個孩子很不一樣，為了每天能有幾個小時的時間專心翻譯，我決定在小球上學後，把小虎送到托嬰的地方半天，中午再去把他接回來。

雖然每次送他到保母家時，他都會哭，我還是硬下心腸把他送去了。問過保母我走後他會哭多久？保母說哭一下就會開開心心地玩起來了。於是我就在一邊不忍心一邊繼續送小虎到保母家的情況下，努力完成了這本書的翻譯。

沒過多久，由於實施勞基法，電台規定我們必須要開始上下班打卡的制度。如此一來，我就不像從前那麼自由了，還好小虎也到了可以上幼稚園的年紀。但這孩子第一次上學的經驗，跟他哥哥截然不同。

我們一樣花了很多時間跟他做心理建設，但顯然他並沒有聽進去。當我送他到幼稚園的門口，他非常抗拒，帶著小小的臭臉，十分不情願地把我的手鬆開。我再一次對他湧起抱歉的心情。一直到現在，我看著照片裡非常不快樂的小虎坐在校園裡臭臉的模樣，依然很不捨。

幼稚園的老師告訴我，小虎會跟小朋友玩在一起，但是他非常不喜歡唱遊課。幼稚園的小朋友常常有機會上台一起唱歌，但是他就是不喜歡上台。

小球和小虎性格不同，上學的經驗也截然不同。

於是我猜想，跟小球的小時候比起來，我的確沒有那麼多的時間教小虎唱歌，會不會因為這樣，他就不喜歡唱遊了？（後來他告訴我，跟有沒有陪他一起唱歌沒關係，他就是覺得唱遊這件事好無聊！我先生還很得意地說，這一點是像他，他也覺得唱遊好無聊！）

也可能因為不是一天到晚跟他在一起，每當有時間跟他在一起的時候，小虎就變得非常黏我。有時候他跟哥哥起爭執，我常常要哥哥讓著他，說他還小、還不懂事，所以小虎小時候在家裡經常是予取予求的。我猜他心裡多多少少有點明白，他在學校可不能像在家裡一樣做個小王子，才會在上學時那麼的不情不願吧。

想來，哥哥小球一定也有不少委屈，我曾經聽到他告訴弟弟：「你還沒生下來之前，媽媽是我一個人的！」

其實懷孕時我就清楚知道，這是兩個完全不同性格的孩子。但是我做為媽媽，在他們成長期間確實也有著不同的對待。有時候我也會懊惱，如果當時不是為了要翻譯那本書，沒有在那幾個月裡每天把小虎送到保母家去，他的安全感會不會更高一些呢？（我先生也曾懷疑，是否保母曾跟孩子說過：「你再哭，爸爸媽媽就不來接你了。」以致小虎從小就害怕我們會不見？）

到加拿大上成長課時，曾跟我的老師談到這一點，同時表達我深深的懊悔。老師說，他猜測我在心目中有一個完美母親的形象。我說確實如此，我真不希望我的孩子有一天參加成長課程時，會抱怨小時候媽媽曾如何對待他，以致於他心中永遠有一個無法克服的陰影。老師告訴我：「你不要以為學了一點成長的知識，你就有可能變成完美的人。」

經過這次課程，我還真的跟小虎好好談了一下，跟他說抱歉，因為那時我做為媽媽的決定，可能導致他小時候有不安全的陰影。這孩子在思索了一下之後，看著我說：「那時候你也只能這樣了，我相信你已經努力做到最好了！」這句話，至今想起來，還是讓我十分感動。

我們每一個人都只能在當下的過程中，盡其所能地做到最好，但永遠不可能是完美的。

鏡像作用

我是在加拿大的課程中，第一次聽到「鏡像作用」的理論，我非常認同也從中受益良多。戲劇表演的訓練中，可以用類似的方式，模仿他人的肢體動作，藉以揣摩對方的心境。也有一些犯罪者會在受到激發時，用類似的手法犯罪。不過我們要談的，純粹是在兒童時代提供鏡子給我們照的大人們，包含嬰兒時期的照顧者，以及在孩提時教導過我們的老師。

小嬰兒一出生時，不知道自己與他人之間的關係，他必須要從照顧他的大人那裡，得到足以存活下去的一切，除了保暖的衣物、獲得能量的食物，還有感受到存在的接觸，以及從大人眼中看到的自己。

每一個人都是從照顧我們的大人眼中，看到了自己的樣貌。照顧的大人各自不同，他們是帶著什麼樣的眼光看待我們的——別忘了他們也是從其他大人那裡學會怎麼評價自己、他人與世界的，我們也就跟著學會了用那樣的眼光來看自己與他人。這也是我們培養出自我評價時的態度。

如果一直是被用**凹透鏡**來看待的小孩，常常會有許多負面思考，總認為自己不夠好；被用**凸透鏡**來看待的小孩，總是認為自己與眾不同；有些孩子自小沒有父母或是父母沒能在身邊，變成**沒有鏡子**可照的情況，在這樣成長環境下長大的孩子會看不見自己，對生命沒什麼憧憬，或是努力要證明自己；還有些人在**混合鏡**下成長，有時是不同的人照著不同的鏡子，或是同一個人因為自己的障礙以致於不時混亂，如此一來，孩子會感到極度不安全，情緒也較為不穩定。

不論從小是被什麼樣的鏡子照見、長大的，只要到了某一天，他開始有了覺察，願意去探索，就會逐漸認知到他與社會上其他人並沒有什麼不同，都只是平凡人。同時，我們如果能學習用**平光鏡**看自己，被照見更接近自己的真實樣貌，我們也就能以相似的態度看待他人與世界。

鏡向作用

一、凹透鏡

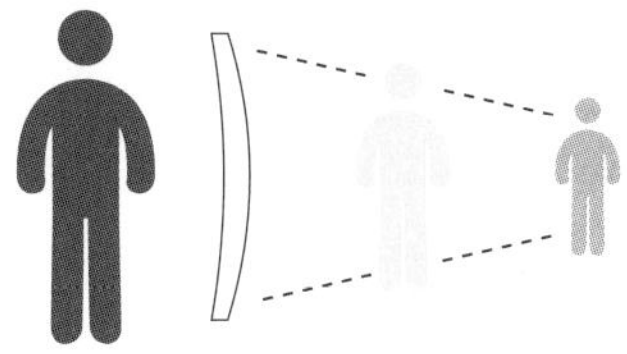

二、凸透鏡

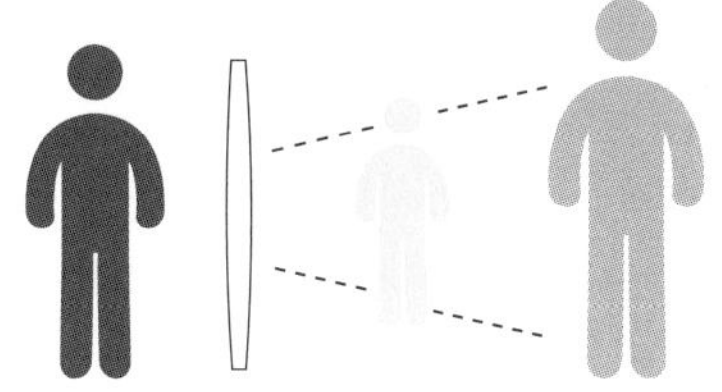

三、沒有鏡子

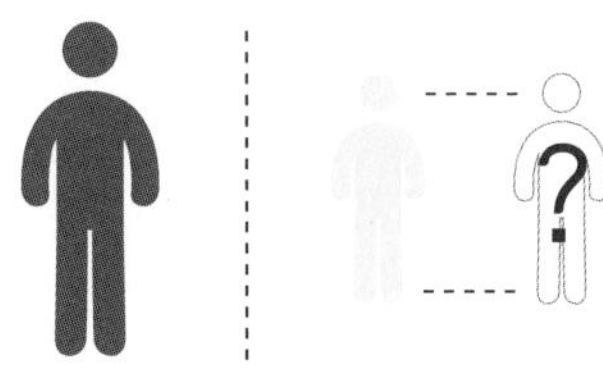

四、混合鏡

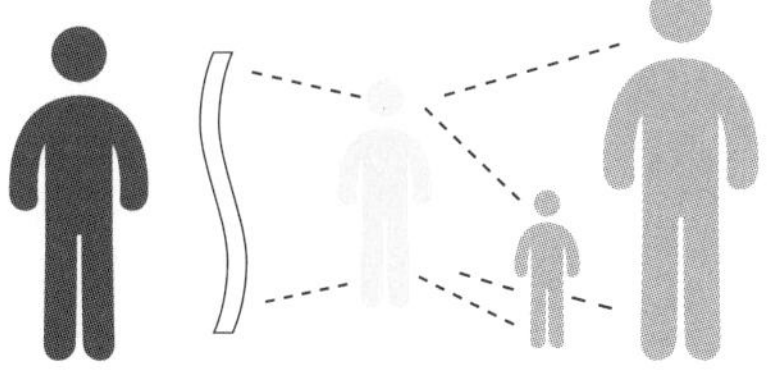

五、平光鏡

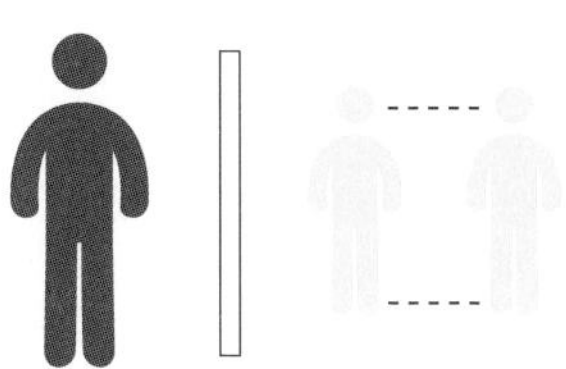

平光鏡式的對話

我在課程中會請學員回顧，最習慣用來照見自己或他人的鏡子是哪一種，然後與其他人分享。接著三人一組做練習，每個人各自扮演談話者、回應者與教練。談話者先說三到五分鐘的話，回應者要用凹透鏡式的方式回應對方，教練在一旁協助。一輪做完之後，回應者再用凸透鏡式的方式回應，每個人都要輪流扮演三種角色。在這個過程中，學員們經常會對自己與他人有新的看見與學習。

最後大家要以平光鏡的方式，再做一次練習。這個練習是很不容易的，回應時並不是把對方的話完全重複一次，而是要加上自己的觀察與感受。可是大家在練習中，都很喜歡自己能以對等的位置看見對方，更喜歡被對方以同樣的對等方式看見。

不論我們過去是如何被大人用各種鏡子照看，因此習慣用這樣的鏡子去照看自己、他人與世界，只要願意，隨時可以在有覺察的情況之下，學習用平光鏡來看見自己、他人與世界。

寫給琳達的信

親愛的琳達：

看到你寫給中國海文課程同學的信，信裡除了告知大家你得乳癌，決定在這次課程後開刀，並且感謝大家對你的關心，只是你不希望課程中有太多對你生病的關注。看了以後，我好心疼，也好佩服你！

其實我們是同年，你還比我晚出生了幾個月，不過一開始認識你，你就是我的老師，再加上認識你的場合是在海文學院，那時你任職經理，所以很長一段時間，我都把你放在一個高高在上的位置，只在遠方欣賞與敬仰你。

我在你的課堂上最重要的一個學習，是在做擬人化的對話中。你要我們在教室遊走，找一個物件，然後問我們一些問題，我們必須以選定的物件用第一人稱來回答。最有趣的是，後來我發現自己的答案，真的完完全全呈現出我這個人的個性。

再過幾年，我又在你的課堂上學到重要的一課。這次是學習面對自己的陰影。我們各自選擇了一種動物，模擬那種動物的動作，並在屋子裡走動。我選擇的是老鷹，我最渴望能像老鷹一樣自由自在地翱翔天空。然後我看到一條蛇，我嚇得半死，趕緊跳開，心跳加速了好幾分鐘。後來跟其他學員分享的時候，我才意識到，身為老鷹，看到蛇不是應該很高興有食物可以獵捕了嗎？我為什麼會那麼害怕呢？於是我深入探索，追問自己是不是常常被不需要害怕的事情給嚇到？

你到過台灣很多次，那時你是黃煥祥與麥基卓「潛力甦醒」（Come Alive）課程團隊中的固定成員，每兩年會來台灣一次。他們兩位是白天大組的老師，你跟其他三位成員是晚上的小組老師。我開始做小組老師的翻譯，漸漸地跟你比較熟了。

我曾在加拿大上過你跟瓊安帶的界限課程，非常喜歡也受益良多，於是在一九九三年十一月，請你們多留幾天給音樂人上這門課，我還把過程寫成文章發表了。

一九九九年，台灣發生九二一地震，你跟幾位加拿大的老師原本已經預訂好十一月的機票，要來台灣開課，卻因為地震取消了課程。我當時看到台灣需要為心靈重建工作做好預備，就寫了E-mail給你和瓊安，問你們是否仍然願意來台灣，開一堂關於處理「悲傷與失落」的課程，我認為這是未來針對地震災區做心靈重建時很重要的議題。你大概很難想像，你們兩人願意來上課，對我是多大的激勵。

跟你變得比較親近，是二〇〇五年以後，在我們共同朋友馮錚的邀請下，你跟大衛開始在深圳帶領「潛力甦醒」課程，由我擔任你們的翻譯。因為這樣的機緣，在你們的鼓勵下，我整理了上過的課程，跟海文學院的教務長討論，確定我還要上什麼課、實習哪些課，以及還要寫多少論文才能畢業。

我既然決定要完成學業，就得盡量找時間繼續去上課、實習和寫論文。有兩次實習課都是跟著你，在跟你討論論文題目時，你提出非常中肯的意見，還願意幫我修正論文，從你那裡得到許多鼓勵與幫助，實在是太感激你了。終於在二〇一〇年，我六十四歲時畢業了。

我還記得你有多麼生氣，因為有人破壞了你原先設計好要給我的意外驚喜——一份畢業告知。也因此，我知道你有多麼替我高興。

拿到證書之後，我可以像當年的你一樣擔任助教的工作了。至今我每年一定至少選一次你的課，去當你的助教，白天聽你講課，晚上當小組老師。

我最喜歡你在上課時的創意，有些議題是必修的，但是聽你上課總是會有新的收穫。

每次上課前，你跟導師團隊開會時，都會問我們兩個問題，一個是：這次學習的障礙是什麼？一個是：這次來工作的意圖何在？

我們都已經年過七十，仍然願意繼續從事這樣具人文精神的教育工作，我能跟你有亦師亦友的關係，彼此互相支持、共同成長，這是我發自內心認定的一份善緣！

我開玩笑地說，在面對乳癌的路程上，我是你的先驅者。我知道你在堅強的意志力與身邊親友的支持下，會走出自己的路，帶著我深深的祝福，期待下一次跟你的相聚。

愛你的曉清 二〇一七年四月二十六日

02 *step*

上學危機

陳怡安在《人生七大危機》提到的第二個危機，是上學危機。分為四個段落，首先，佛洛伊德把零歲到七歲稱之為人格形成期，上學期正在這個階段。孩子需要調適的是從陌生到熟悉的現象。人格狀態也是在這個階段發展形成的，一般人經常都以這個階段接收到的資訊，當作成長的基石。

其次談到調適危機中的心理現象，上學離開家（不論是幼稚園或小學），開始時孩子多半不會喜歡，很可能會在心理上形成不被尊重與缺乏安全感。

接著談調適的基本內容。孩子上學初期需要調適的是化解委屈感，同時也要教導孩子守規則、有紀律。自由與紀律是一輩子要學的功課。另外就是在環境許可下盡量讓孩子參與家事，冒一些小險，讓他覺得自己是有用、負責任的人。在兒童發展期，孩子的人際關係也很重要，要學著結交朋友、維持友誼。

最後談老師與家長一定要耐心傾聽孩子的心聲，讓孩子遇到委屈要能表達，適度提供他們安全感，並關心孩子人際關係的建立。

第三幕

憤怒與愛

學會覺察並對自己更了解後，
我逐漸明白憤怒不可怕，
可怕的是在帶著憤怒的情緒時
所引發的暴力——不論是言語或肢體。
我們可以一起用健康、有界限的方式，
以不傷自己也不傷他人的方式，釋放憤怒的能量。
並重新學習，愛其實是一種感受，
是流動的，是無法秤量的。
愛人要以對方為中心，不求回報也不能強迫。

青春期也可以不叛逆

身為家中的第一個孩子，從小又被期待做一個好榜樣，我確實是很愛惜自己的羽毛。小學畢業順利考上市女中（即現在的金華女中，當時為台北市立女子中學），初中畢業，功課只在中段的我，沒有考上高中聯考，對我而言，那真是非常重大的失落，但是爸媽並沒有太責怪我，反而跟我一起研究還可以再去考什麼學校。

當時我的第一志願是考女師（全名為台北女子師範學校，現為台北市立教育大學），將來當老師。誰知道錄取率比高中聯考還難；我又去考了私立高中的聯考，考上了商業相關的高中。那時我對聯考已經非常懼怕，聽同學說還有五專聯考，其中有我一直喜歡的廣播相關科系，於是我鼓足勇氣，跟爸媽說要去試試，如果考上了，我就再也不要參加任何聯考了。於是，世界新專五年制廣播電視科畢業，就是我至今以來最高的學歷。

我的青少年時期，剛好就是在市女中與世新念書的時期。我並不需要叛逆，因為我的父母從來沒有不許我做什麼。但是同儕當中，我確實看到許多同學經歷了很不安的青少年掙扎期。

在那個年代，我的父母親是很開明的，特別是我的媽媽。她從來沒有阻止我交男朋友，在有男孩子開始想約我出去的時候，她告訴我一定要讓男生到家裡來接我，並且在說好的時間送我回家。爸媽在我的青少年時期對我非常信任，我猜測也許因為這樣，我才願意什麼都跟他們談。否則我媽媽怎麼可能告訴我，要跟我約會的男孩來家裡接我呢？媽媽的說法是，如果這男孩心裡不夠坦蕩的話，就不敢到女孩子家裡去見她的父母。

我相信對有男孩子來約我的這件事，爸媽一點都沒有大驚小怪，甚至我曾跟媽媽說，每次跟我喜歡的男孩從學校搭車回家，時間都好短，我一下子就要先下車了。媽媽居然說：「那你就多坐幾站，跟他一起下車，再往回坐也可以呀！」

有一次跟男友出去約會，回家時間真的太晚了，結果我進得了大門，卻進不了二門。爸媽好好地訓了我一頓才放我進門，訓完才告訴我，他們沒有把大門鎖上，是因為不想讓我的男朋友以為我回不了家；等我進大門後，男朋友就回家了。因為我沒有遵守約定，就要為自己的行為負責，我就是這樣學會守信用的。晚回家的確是我的責任，不能怨他人。我父母真的很懂得孩子的心理，沒有讓我在男友面前丟面子，又給了我一個終身難忘的學習經驗。

青少年時期的我並不需要叛逆，因為爸媽是很開明的父母，他們從未不許我做什麼。

那時候同學們都很喜歡參加舞會，很多人都必須欺騙父母，偷偷地把參加舞會的衣服帶出來，回家前還得小心翼翼地把衣服收好，把口紅擦掉。反觀我媽媽不但沒有阻止，還經常幫我挑選參加舞會的衣服。我十歲就參加過爸媽辦的舞會，舞步是他們教的，我還擔任過爸爸同學的舞伴呢！

在我十九歲那年，媽媽興沖沖地幫我租了場地，還帶我去朋友家挑唱片、錄音樂，特地辦一場舞會來祝賀我的生日，我的同學簡直都羨慕死了。

有位同學的媽媽管教得特別嚴格，她是常常到我家來換衣服再一起參加舞會的玩伴之一。一次因為口紅沒擦乾淨，回家被她媽媽發現，從書包裡搜出了便服，被打了一頓。隔天上課看到她哭得紅腫的雙眼，我非常難過，就自告奮勇下課後陪她回家。我記得自己像個小大人似地對她媽媽說，在我們這個年齡，似乎不適合再採用打罵式的教育了。直到現在，那位同學還是很佩服我的勇氣。事實上，從那次之後，她媽媽仍然很嚴厲，但的確不再打她了。

現在回頭再看，就是因為父母對我採取尊重的教育方式，給我的感受是非常舒服的，因此當我的孩子也到青少年階段時，我願意採取同樣尊重的方式教育他們。

兩個兒子似乎也因此而不需要有叛逆的行為。小狀況不能說沒有，有時候也會讓我煩惱到睡不著覺，不過至少我們都願意對話。發生任何狀況時，我會先告訴他們，爸爸媽媽一定會站在他們身邊，陪伴他們一起經歷難關。

在孩子跟我的互動中，相對基金制度一直是我很喜歡的部分。

從小學開始，他們就有固定的零用錢，當他們想在日常生活所需之外，擁有什麼特別的東西時，我會希望他們至少先存到一半的費用。只要可以做到這一點，剩下的錢就由我們來支付。我認為讓孩子存一半的費用，就是要他們先以行動證明，是真心想擁有這個特殊的東西。

我把父母對我的尊重，也同樣用在兩個兒子身上，使他們在青少年階段，也沒特別需要叛逆的地方。

性能不能談？

家有青少年，做父母的經常會擔心如何跟他們談性。現在的社會風氣比當年開放，許多資訊上網就可以找到，但也可能因此造成更多迷惘或混亂的現象。

我的青少年時期，父母沒有正式跟我談與性相關的事，我們多半是跟同儕交換訊息。等我的孩子到了青少年時期，我也認為正式的談話很尷尬，大多是在閒聊時穿插著談。不過，我記得當時很清楚地告訴他們，男生跟女生在發育時的不同，女生的月經是怎麼回事。所以當小球在小六時幫同學買衛生棉，我很開心，覺得自己教育成功了。

我也告訴他們，在適當的時候，性會是很美妙的經驗。我特別強調絕對不可以強迫他人做不想做的事。

我認為讓孩子知道真相，學會自我負責、承擔責任，是很棒的學習過程。如果認為孩子因為知道過程就會去嘗試，這是對他們的信心不足。

多年來，一直有機會參與相關課程，我經常見證到被錯誤性教育所烙下的印記，不論性侵或是性騷擾，都會帶給已經成年的人許多後遺症。其中我最心疼一位女士，在一次課程中，她在我的小組，可能對我有著信任，所以首度敞開心胸分享了保存好久的祕密。小時候她發現自慰時的快感，卻不幸被媽媽看到而受到大聲斥責，媽媽用許多不堪的話語指責她。從此她一直覺得自己是個罪人，認為自己不乾淨、不值得被人愛，甚至在跟我單獨面談時，她幾乎一直低著頭而無法直視我，聲音也很小。我除了告訴她自慰是健康的，如果問團體內的其他人，我猜可能人人都有經驗。我還鼓勵她既然來參加課程，就放心投入，因為那堂課正好是談悲傷與失落。

老師設計的活動是，邀請大家在紙上寫下一個自己難以啟齒的祕密，大家圍成圈，中間放著一盆水，水中有一些玫瑰花瓣。每一次由一個人走到水盆邊，把手中寫好的紙撕碎後丟入盆中。等所有學員都完成這個極具象徵意義的儀式後，再一起深呼吸，老師把混在一起、濕透的碎紙揉成一團，連同玫瑰花瓣全丟進垃圾桶。

我真希望她也那麼做了，但她逃離了這堂課。事後我跟她說，我覺得好可惜，不過我也知道，旁人眼中看來那麼容易的事，在當事人還沒預備好去面對前，它就是如此的困難。

我也常在課程中遇到勇敢的學員，大部分是女性，鼓足勇氣在團體中說出小時候曾遭到性侵或是性騷擾的往事。幾乎是每一次，都會引發許多感動，有類似經驗的人紛紛舉手發言，不但分享自己的往事，也說出他們聽到第一位學員訴說時的感受。

這帶給我們的學習是，走上治療之路永不嫌遲。就算加害者不在現場，甚至有的人已不在人世，對受害者來說，仍然可以用最適合的方式——或許是心理劇，或許是完形治療，帶領她說出：「你不可以這樣對我！」「你知道這件事傷我多深嗎？」「我恨你！」等埋在內心許久卡住的能量。

經過這樣的處理後，不一定會是願意原諒對方之類的浪漫結果，這也不是我們處理個案的目的。我的經驗是，當卡住許久的能量開始鬆動時，當事人可以逐漸放鬆自己緊繃了許久的身心狀態，足以面對人生更多的可能性。

憤怒是一股向上湧升的能量

憤怒是個極大的題目，可以寫本書來仔細討論，瓊安就曾經寫過《好好出口氣》（*Anger, Boundaries and Safety*）來討論憤怒。憤怒是表面上的感受，通常在憤怒的底層，會找到其他的感受，可能是悲傷、恐懼、受傷、害怕被拋棄等。人會憤怒，通常是因為事情的發展沒能符合原先的預期，或是跟他的價值觀不合。

我們會害怕正在憤怒的人，是因為在記憶中，憤怒經常是與暴力連結在一起的，所以我們會認為憤怒的情緒也是非常可怕的。遇到會讓自己憤怒的狀況，不是逃開就是否認。壓抑的結果，那股巨大的能量不是對外爆發傷到他人，就是一次又一次地向內射傷自己。

其實憤怒時的身體症狀與興奮時很類似，都會心跳加快、血脈賁張、肌肉緊繃，腦子無法清明的思考。人在憤怒時好像要跟他人拚命一般，正是激發了他的爬蟲腦，以為自己在生死之間掙扎吧！

所以要經常清理自己的情緒，認清會讓自己一下子火冒三丈的情況，到底是發生什麼事，釐清之後再決定值不值得發火。通常做這種練習的學員在經過深呼吸、暫停一下後，都可能決定不發火了，因為不值得！

我小時候學到的是，絕不在人前生氣，

海文學院花園一隅的石上，鐫刻著瓊安的智慧之語：安靜下來，用你內在深層的自我聆聽。

因為那是沒教養的。於是遇到可能會生氣的事，我總是合理化一切，好讓自己馬上轉移目標。但長期累積的結果，就是會因為很小的事就氣到不行，而對方則是感到莫名其妙。有時候是不表達自己的憤怒，就用各種奇怪的藉口去指責對方，或是懲罰自己或他人。

學會覺察並對自己更了解後，我逐漸明白憤怒不可怕，可怕的是在帶著憤怒的情緒時所引發的暴力——不論是言語或肢體。

課堂上學員們最喜歡一起用健康、有界限的方式，在他人的見證下，以不傷自己也不傷他人的方式，釋放憤怒的能量。

當憤怒來襲時

二〇〇一年的十月八日，我先生在收到信用卡帳單後，問我這些錢是怎麼回事，我的心情一下子變得很不爽。其實那是因為我之前幫別人刷卡，他們也還錢了，我把錢拿出來放在桌上，不知為何他竟然會那麼生氣，我們就大吵了一架。我氣得離家出去走走。之後我寫了一封信給他，我很欣慰自己沒有被憤怒沖昏了頭：

Dear,

請看完這封信。選擇寫信是實在不喜歡爭吵過程中不舒服的感覺，特別是被誤解、被貼標籤時，快要爆炸的感覺。然而，剛才走在敦化南路人行道上，我本來越想越氣的情緒，不知怎地一下子不見了。因為我似乎看見了兩個小孩子在吵架。

如果我真的是「被迫害妄想症」，我就得自己想辦法去克服，而不是在你問起：「這些錢是怎麼回事？」的時候覺得不舒服。

但是，也請你不要因為我有情緒而否定了我原本的善意。我知道你常會為錢煩惱，這是我們很大的不同，因為安全感的底線不同。我本來這個月就打算把信用卡的錢還給你。因為我知道刷了不少，事前也跟你打過招呼，而且人家也已經把錢匯進了我的戶頭。今天下午我去交了我的信用卡費，順便先提了兩萬元，剛才只是先把一萬五放在桌上，我不知道為什麼你會震怒。

看到你趴在桌上傷心的時候，我其實是很心疼的，你一定壓抑很久了。但是隨之而來的是不解，我真的沒有意願要如此傷你，到底是怎麼了？

我以前在你每次說出如此絕情的話時，都會傷心欲絕，感覺自己完全被否定了。剛剛一開始時也是如此，氣得手腳發軟。不過我自覺進步的是，我不到一個小時就意識到你是在說氣話，而這些氣話一定是我的行為或言語勾起的。請想一想那是什麼好嗎？是我說的什麼話？什麼動作？什麼語氣？讓你那麼生氣！我還想請你想一想那麼生氣的背後是什麼情緒（通常憤怒下面一定還有著悲哀、受傷或是恐懼）。我們的循環通常是：你問我關於錢的事，我有了負面情緒後聲調就上揚起來，如此一來一定引發你更大的負面情緒，然後事情就很不好玩了。我知道每次你問我錢的時候，我的情緒代表的是什麼，是覺得你不信任我有處理金錢的能力，或是你一定又嫌我浪費錢了。我知道其實自己並不浪費，而我本來就不是會管錢的人，所以不應該為了這個鬧情緒，以後會繼續警惕自己這個部分。

其實我最難過的是感覺被你全盤否定，當你發誓從今以後：「再也不如何如何……」的時候，我會因為你又要跟我一刀兩斷了而真的很生氣。不過我前面已經說過了，我希望找出讓你如此生氣的原因，才好「對症下藥」。

我這些年來所花費在成長上的心力，希望不是白費的。所以常常在被你誤解之後，都希望能說清楚，然而太多的過往糾纏不清，我雖然十分努力但還是時常會掉入情緒裡去，情緒一出來便無法客觀。我也常覺得你無視於我的改變，老往我身上貼過去的標籤，這也是我無法釋懷的事，因此我會很難過。

如果你還有火，就等氣消了再跟我說話吧！或是也用寫信的方式。我希望你原諒我只是個平凡、有脾氣的人，不過我早就不用發脾氣來控制你了，這至少是個進步吧！

Dear. 二〇〇一年十月八日

我們安然度過了那個難關，我申請了自己的信用卡，不再用他的附卡。幾年後他為了幫我累積飛行里程，而申請了我的附卡。真沒想到現在偶爾換成我問他：「怎麼花了那麼多錢？」

Loving 是行動，不是言語也不能交換

至於愛，那更是重要的學習。小時候我們認為被愛的方式就是受到無微不至的照顧；長大以後，也以為愛一個人就是要好好照顧他——用自己認為對的方式。卻忘記了每個人在意的事情是不一樣的。愛，需要對話，也需要更新，愛是行動。

我們是根據過去的經驗，模仿身邊大人的行為，學會什麼是愛。因為大人可能會

說：「你不乖，我就不愛你。」或是：「你不照著我的安排去做，我就不愛你。」流行歌曲中常會聽到：「你愛我沒有我愛你多」或是：「我是那麼愛你，所以你也要一樣地愛我。」因此我們常常以為愛是可以秤量的，是可以用來交換的東西。

不過，愛其實是一種感受，是流動的，是無法秤量的。我們可以重新學習，愛人要以對方為中心，不求回報也不能強迫。

我們常常忽略了愛一個人的同時，也可能會不愛他的某些行為。又愛又恨是可能的！以前愛這個人，現在不愛了，也是絕對有可能的。抓住一個明明已經不再愛自己的人，極力想要挽回，往往徒勞無功。真希望在針對青少年的教育中，可以加強以尊重與愛為前提的生命教育。如果人不以占有另一個人為目標，而能珍惜當緣分來時能共處一段時間，緣分盡時能善了，學會珍惜、學會放下，明白人在脆弱時會受傷，但也有能力找到痊癒的方法，接受生命的實相而不耽溺在浪漫的想像中，絕對可以避免許多悲劇的產生。

在工作坊時，我最喜歡帶學員做的練習，是讓他們兩人一組，互相提問。這些問題包含：他人對你做什麼或說什麼，你會認為自己是被愛的？當你愛一個人，你會做什麼或說什麼，讓他認為你是愛他的？

我會給每個人將近十分鐘來回答問題，過程中經常有人會因感動或傷感而流淚。因為分享的對象常是陌生人，沒有任何恩怨情仇，又都是在心靈非常敞開的狀態，做完這個練習，他們通常會非常感謝對方。大家多半會意識到自己在愛情中的模式，同時又能看到彼此是如此的不同。

寫給瓊安的信

親愛的瓊安：

在給你寫信的此刻，我意識到有多麼想念你！

一九九二年，我初次去還稱作個人成長中心（PD Seminars）的海文學院上課，那是我第一次離家將近一個月去學習個人成長。室友之中有人正經歷生命中的難關，晚上經常做惡夢。我看到你是怎麼跟她工作的。你用如此充滿愛心的方式去陪伴一個從小受虐的女子，我對這件事情印象深刻，也大為敬佩。當時黃煥祥與麥基卓每兩年來台灣做潛力甦醒營課程，你都是講師團之一。做為小組翻譯，我開始有機會跟你一起工作。

合作過幾次之後，你告訴我們可以申請當實習生，你們會安排實習生訓練時間，這樣能學習更多。我清楚記得有一次在實習課上，我們需要報告關於學員的觀察。聽完我的報告後，你問我這位學員什麼地方觸動了我，因為你在我的聲音中聽到異於平常的高亢聲調。直到你問我之前，我不曾意識到我所注意到關於他人之事，竟然會與自己有關。當我停下來反思，眼淚立刻在眼眶中打轉。我跟她一樣是如此努力地想要向世人證明自己，什麼事都自己來，經常認為世上沒有人真正了解自己而感到孤單。你是如此敏感，能抓到我的狀況，並且讓我願意承認，對此我充滿感激。

身為海文學院的教務長，你全然支持著我的學習過程。同時也是因為你，我開始跟受到憂鬱症之苦的人工作。我真高興看到你寫的書《好好出口氣》在台灣翻譯出版了。

從你那裡，我也學會如何帶著敬意與各種不同的人工作。在一次「悲傷與失落」的課程裡，你告訴我生命只剩下最後的兩分鐘了，我有機會錄下自己的遺言給家人和朋友。這是我生命裡非常震驚的時刻，帶著眼淚錄完兩分鐘的遺言，我知道我最在乎的是什麼——那就是我的家人。

我還記得在海文學院上課時，麥基卓與黃煥祥最喜歡說關於你的故事，他們辦過一個苦命的比賽，大家要挖空心思說出生命中最痛苦的事情，再比一比誰最痛苦，結果永遠都是你得第一。出生時早產，被別人用報紙包著丟在垃圾堆裡，徹底遭到拋棄。後來有一個家庭領養了你，青少年時，你還被領養家庭的哥哥強暴了。這般苦命真的沒人能跟你搶第一！但是你並沒有放棄自己的生命，努力學習成為專門幫助受虐婦女和兒童的專業人員。多年前你也曾經受台北市政府的邀請到台灣來，跟當時的助人工作者分享幫助受虐婦女與兒童的經驗。

我也記得你每次到台灣帶領課程，如果必須使用蹲式馬桶時，你總是會抱怨，因為那時你的膝蓋已經不好了。所以不論到那裡，第一件事就是去看看廁所是不是有抽水馬桶。哎，我也到了這樣的年紀了啊！

在海文學院最後一次跟你工作是在二〇〇六年的夏天，你是一門以中國學生為主的課程老師。我原本可以同時在白天當翻譯，晚上做實習生，評估後覺得工作量太大，身體吃不消，所以只做了翻譯。你在導師團會議中告訴我們，課程結束幾個禮拜後，你就要去做第二次心導管手術，你正在煩惱，希望經過評估後，可以從鼠蹊部穿刺不必開刀。不過，後來還是做了開刀手術。

二〇〇七年一月七日，你去世了，享年七十三歲。你的骨灰埋在海文學院的花園裡。每當我去海文學院的時候，第一件事就是到那座花園跟你打招呼！

親愛的瓊安，你永遠活在我的心裡！

曉清 二〇一七年三月二十二日

03

step

青少年危機

陳怡安在《人生七大危機》提到的第三個危機，是青春期危機，分為四個段落：

第一段先談青春期的生理現象，十三到十九歲的青少年身體發育期，經常會跟他人比較而產生自卑感，最大的挑戰是要接納完全不一樣的自己，性機能的蓬勃發展也需要調適。

第二段談的是青春期的心理現象，包含理想與幻想混淆、自卑與自大不分，是個認同的尷尬期，不滿現實、對抗權威、經常處於衝動的狀態，被情與性所困擾。

第三段談的是青春期的心理需求，他們會需要可分享祕密的友伴，擁有自己的祕密而不想被干涉，渴望被認同又希望自己是獨特的，需要他人的支持，也需要冒險，藉此發洩精力。

最後談到回應青少年的方法。大人要先調整好自己的心態，允許青少年做自己想做的事，但要先訂定契約，學會用提問的方式來跟孩子講理溝通。重視孩子的感受世界，特別是在孩子被視為叛逆時，其背後的實相為何？還要認識與接納孩子的朋友。

我們逐漸有意識地為自己創造自我疼惜，
開始走上回家之路。
在整個過程中，覺察才是重點，
明白在我們的生命中，真實我、理想我、現實我
都是全我的一部分。
明白自我憎恨與內在法官的批判不可能消失，
只在我們是否願意換一個態度去面對它，
然後轉成自我疼惜，
為自己今後的生命，時時做出新的抉擇。

第四幕

我的各個面向

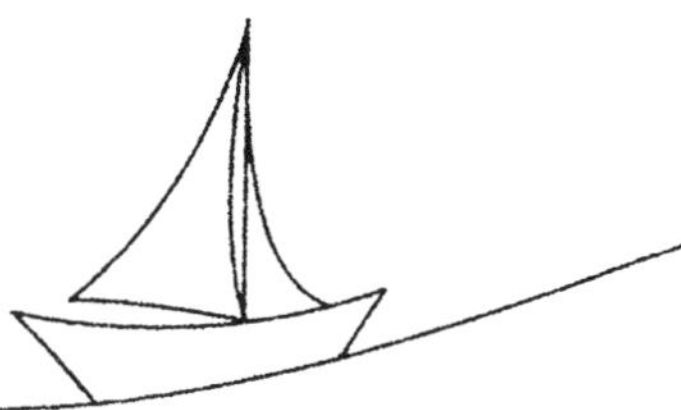

追求對象——第一次失戀

進入世新五專念書後，就是男女合班一起上課，當時學校有五專、三專和最後一屆的高職生。情竇初開的少女們，常常在聽課之餘，把眼光望向窗外正在上體育課打籃球的男生身上。那個年紀只會以貌取人，私底下幾個談得來的同學——就是座位靠近，個子長得差不多高的會竊竊私語，並且為大家公認的帥哥們編號。

最有趣的是，每個人都有心儀暗戀的對象，上學、放學搭公車偶然遇見自己喜歡的男生，一起搭車的時光就感到無比的幸福。一位同學在遇到喜歡的帥哥一號時，一直把自認為最美的側臉對著他。在移來動去的車上，要維持那個姿勢是有難度的，但同學的意志力堅強，還不時舔著自己的嘴唇，希望看起來滋潤明亮。心知肚明的我們，看得佩服不已。當然後來也嘲笑了她一番。

有一天，一位男同學到班上找我。原來是帥哥三號託他帶給我一份小禮物，是三個小小的鉛字，合起來是我的名字。那時學校有報業行政科，在鉛字房裡學排版是功課之一。全班女同學譁然，因為喜歡三號帥哥的人還真不少。一開始時我並沒有太在意他，後來慢慢地跟他談起純純的戀愛，這就是我的初戀。

他在高職部，計劃畢業後考大學。不料考完沒多久，我就收到了他的分手信。雖然用詞溫和，也對我充滿肯定，但那句：「我配不上你！」就是句點，全然沒有我可以置喙的餘地。

我第一次失戀了，感覺非常無助。明明被甩了，卻好像沒法對人說。結婚前，我還談過幾次曲曲折折的戀愛，經歷過各種起伏。

婚姻危機——陪薛岳去上海看中醫

我是在一九六八年年底結婚的，和馬先生是在適應了婚姻生活後，才決定要生孩子的。兩個孩子都是在殷切的期盼下，加入我們的家庭。非常幸運的是，我不需要每天上班打卡，能在孩子還小時，陪伴著他們。

我一直非常享受在電台主持節目的工作，能與許多音樂工作者、歌手、創作人透過訪問

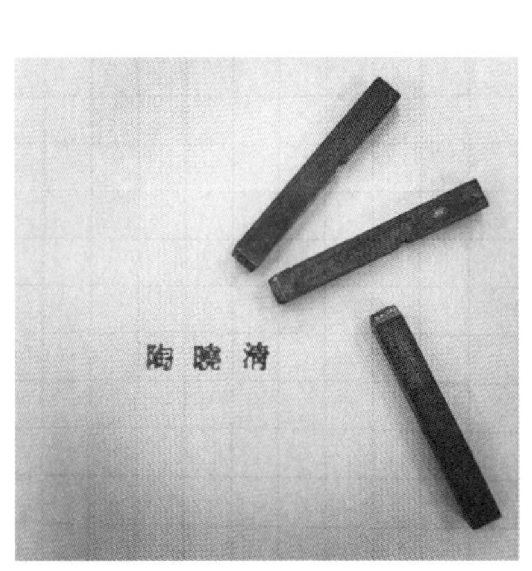

這三個小小的鉛字，是我的初戀禮物。

而變成好友，也因緣際會地開始組織歌手成長班。我像班長一樣的招兵買馬，邀約成員來參加，張羅上課的地點，並邀請卓明當大家的老師。參加歌手成長班的人滿多的，有些人只來一兩次就不來了，也有些人很少缺席。經常在一起上課的人，由於多半是在敞開的心態下分享自己的生命故事，就會變得非常親近。薛岳就是其中一個。

一九八九年年底，我跟楊嘉、薛岳一起去北京參加一個唱片展，薛岳一直高燒不退，就去協和醫院治病。醫生觸診時告訴他是肝腫大，回到台北就確診是肝癌。開刀之後，狀況似乎不錯；但幾個月後又發現新的腫瘤。許多人提供各種另類療法，有個朋友介紹他去上海看一位聽說很不錯的中醫師。

薛岳決定去試一下。除了他媽媽以外，他還邀請當時跟他常在一起的錄音師王家棟和我陪他去。我跟家棟都很忙，核對時間之後，決定家棟陪前半段，我陪後半段。

在歌手成長班裡，卓明是大家的老師，薛岳是他的學生之一。

一九九〇年六月，我同意陪薛岳去上海醫病的事情，沒想到竟成為我的婚姻關係中，第一次遇到的重要危機。我發現馬先生生我的氣，於是跟他有了一段談話：

「我想……你是真的很不開心？我們談一談吧！」

「沒什麼好談的，你不是都已經決定了嗎？」（原來是因為沒有尊重他。）

「……」

「我最受不了的是，你竟然迷信中醫。」（是的，馬先生只信西醫。）

「那是好朋友的乾媽介紹的。」

「你都不在乎有人可能會閒言閒語嗎？」（啊，原來是吃醋了！）

「怎麼會？是去看病又不是去玩。何況人家已經是生死關頭。」

「我才是你的生死之交。」（他很在意我。）

「可是你現在還好好的，他可是真在面對生死問題了呀！」

「……」（他已經有些軟化了，我就再加把勁吧！）

「本來如果家棟可以一直陪他，我就不用去，可是他只能去前面幾天，薛岳除了媽媽，還需要好朋友的幫忙。」

「……」（看來快成功了！）

「我沒先徵求你的同意就決定要陪他去了，不過那時很急著要做決定。」

「反正我即使不要你去，你也還是會去的。」（Yes！）

他最終同意我可以陪薛岳去上海治病。現在回顧起來，我發現當時一直是在以討好的方式，試圖說服馬先生同意我去，而且我很確定我的目的導向。那時我還沒有正式上過任何成長課，若是今日，我的做法肯定會跟以前不一樣。

在這個過程中，我清楚認知到，男生和女生確實是很不一樣的。或許該這麼說，我跟我先生確實是很不一樣的兩個人，我認為理所當然的事，到了節骨眼上竟然會引起那麼大的意見衝突。

結婚將近五十年，我們面對多次危機，好在彼此都願意放下身段，針對問題好好地談，在確定雙方都沒有誤會的情況下，確定分手不是第一優先考慮的選擇，而且彼此仍然願意一起生活。於是既往不咎，繼續我們的婚姻。

在我的認知中，分手是最容易的選擇，眼不見為淨吧！切割後就再也沒有關係了，但那是太簡單、太粗糙的決定。我選擇在關係中進修，雖然不容易，但也不後悔。

生命中的兩個男人——馬先生與丹尼爾

從前每次聽到潘麗莉唱〈長島午夜〉這首歌，心中總有一股酸楚之感，特別是這一段：

畢竟斷夢難續
只緣故國三萬里外
往事三十年前
歸來吧　我伶仃的魂魄
今夕我棲息在海角
你何必還在天涯

二〇一七年四月中的一天，丹尼爾、馬先生與我在餐廳吃飯。丹尼爾一到台北就跟馬先生約了見面，然後才問我是否能一起參加。兩人熱烈地研究著紫砂壺時，我看著他們，想起當年曾與丹尼爾熱戀，分手近四十年後又在十年前重逢；另一方面，我也很感恩與馬先生過了將近五十年的婚姻生活。如今這兩個男人竟然可以坐在一起談天說地，那種感覺真的很好。

跟丹尼爾分手時，他在美國，我在台北，只是透過信件提出分手，沒機會互道珍重，自然是有些遺憾。但生命就是如此，在一起時卿卿我我，分開也就逐漸淡去。重逢後透過E-mail來往，以及偶爾見面談話，澄清了一些當年的狀況，再度有了連結。我原本想過，若一直沒機會澄清，會成為生命中的遺憾；幸運的是，現在一片清明，我好像認識了一個新的朋友。

想不到這兩個男人這麼談得來。

有幾次馬先生獨自去美國，都跟丹尼爾見面，他們一起去逛畫廊、聚餐，還常常交換禮物。我真的很開心兩人竟然那麼談得來。我也意識到吸引我的男生，都有著我爸爸身上的特質，他們可能都欠缺母愛，都有憂鬱小生般的氣質。由此可見我是多麼愛我的爸爸。

有時會想，當年若是沒跟丹尼爾分手，我的生命是否會與現在不同？有一次他來台北，我約了世芳一起去見他。世芳後來跟我說，他也想像著，若是媽媽當年嫁給了這個男人，世界上可能就不會有他了。

現在再聽那首歌，感覺略有不同，與詩人相比，我的遺憾沒那麼深刻，我的生命中至今多是清清楚楚的，一些模糊之處似乎不再困擾我了。放自己一馬的同時，我也放下了對他人、對往事的糾纏。

工作危機——從黨營到民營

我正式進入中國廣播公司成為節目主持人時，還在世新讀五專的五年級，那時中廣還是黨營企業，主持人只要管好自己的節目就好。

幾年後，第一次對工作產生質疑，那是中國廣播公司從黨營事業轉型為商業機構的時候。本來由政府撥預算，從來不必擔心業務的中廣公司，要開始找贊助廠商了。一開始我完全不懂意味著什麼，以為公司既然成立業務部，我專心做好自己的節目就行了。不久業務部門正式通知我，說目前我的節目還行，不過如果有任何廠商看中這個時段，卻沒有看中我這個主持人的話，我就得讓出時段來。

這讓我十分惶恐，因為完全沒有概念要去哪裡尋找資源。在我踏上廣播生涯以來，首度感到心慌意亂。徬徨迷惘的時候，我特別去找了一向敬重的前輩張繼高先生。我剛進電台時，他是節目部副主任，後來他擔任新聞部主任時去了英國深造。我在那時決定結婚，寫信告訴他，沒想到很快就收到他寄來的美麗賀卡，至今還跟我的結婚請帖放在一起，留做紀念。

他的勸告，我一直記在心裡。他說：「做節目的人絕對不要去拉廣告，因為立場不同，可能導致界限的混淆，主持人會很容易失去公信力。所以，如果沒有一個代理廣告的公司支持你，讓你無後顧之憂地專心做節目的話，就改行吧！你還很年輕。」

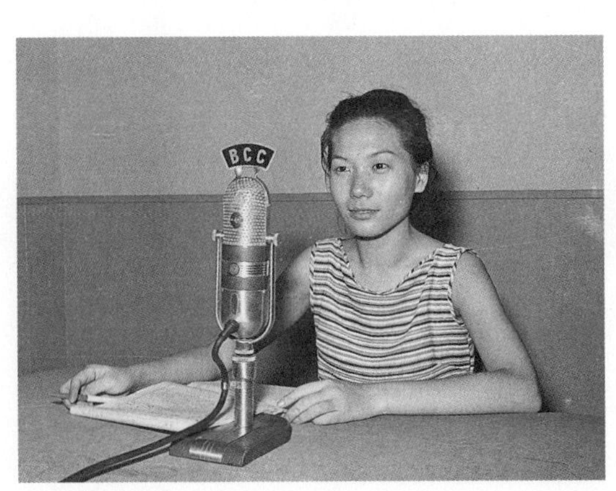

進入中廣成為主持人。

我真的好好想了一陣子，不做廣播，還可以做什麼？我好像什麼都不會。不過，從另一個角度來看，或者是我什麼都可以重新來過？心放寬了，也就沒有那麼焦慮。沒多久，竟然有一家傳播公司願意每天承包半小時我的節目，這麼一來，我就可以安心地做節目了。這家公司開始時賠了一些錢，但業務慢慢越來越穩定，就把另外半小時也包了下來。我一直衷心感激滾石傳播公司與二毛段鍾沂，合作期間，他們從來沒有干涉過任何一集的節目，反而是在活動方面不斷地支持我。

賠錢的初次演唱會

當時電台節目主持人如果夠活躍，就要跟聽眾辦活動。我剛好接到一位自稱有辦活動經驗的聽眾，來找我合作。完全沒有經驗的我，聽他說得好像很有道理，就給公司寫了簽呈說明經過，希望他們同意我跟那個年輕人合辦一場熱門音樂演唱會。

我真是很天真，沒跟他簽約。活動辦得不錯，但是門票收入不夠開銷，最後結算下來是賠錢的。等到我急著要跟這個年輕人算錢時，他竟然避不見面。欠廠商的費用還是要支付的，他們到公司來找我要錢，我急得不得了，只好向長官求救。已經不記得跟我談話的會計部長官是誰了，因為沒說幾句話，我就開始哭了起來。想想我不過二十歲出頭，因為搞不清狀況，害得公司跟著一起上當，我心裡不知有多麼的懊惱與慚愧。那位長官評估後說：「還好數字不大，這筆錢就由公司代付了。你就當作學一個經驗吧，以後可要小心合作對象了。」

我充滿感激地牢牢記住了這次的經驗，以後辦活動我可以掌握所有流程，而且幾乎沒再賠過錢，確實與這次慘痛的經驗有關。也因此後來在主辦各種演唱會時，我會特別在意合作對象的人格特質，道不同，絕對不相為謀！

第一次出國

余光中先生在香港中文大學擔任客座教授時，把台灣的民歌介紹給中文大學的同學們。他在一篇名為〈現代民歌渡海記〉的文章中，清楚交代了幾位香港大學的同學們，是如何由小型的演出，進而號召更多的觀眾與演出者。除中文大學外，還有嶺南書院、香港大學及理工學院的學生，在一九八〇年八月成立了「香港現代民歌協會」，在香港電台的「學府之音」公開演出，出版了由香港歌手譜曲演唱的專輯唱片

《足跡》。

同年十二月二十日，香港現代民歌協會與香港藝術中心合作，在大專會堂舉辦「校園民歌之夜」，除一些香港歌手外，也邀請我和吳楚楚、蔡琴、邰肇玫參加。

那是我第一次出國。

那時台灣還沒開放觀光，出國辦手續是相當麻煩的。首先我得寫簽呈給公司，附上香港的邀請函。公司同意後才能去外交部申請護照，還要申請香港簽證。好在時間夠，每項手續都完成後，出國前，有人專程給我們說明一些注意事項。我不太記得這個說明是由哪個單位所辦，只記得他們一再告誡我們，到了香港千萬不要去中共投資的國貨公司逛，比如最有名的裕華國貨。據說有人回國後就被相關單位約談，看到自己走進裕華國貨大門時被拍到的照片，接著寫悔過書，表示不該去買匪貨之類的。

我還記得第一次搭飛機時那種興奮的感覺，短短一個多小時，幾乎都在跟同行的歌手們聊天。一住進旅館，我馬上去街上找一份香港地圖，弄清楚所在的位置。然後告訴接待我們的同學，我一定要搭乘在香港街頭隨處可見的電車、雙層巴士、小巴與地鐵。也是從那次以後，除非參加旅行團，否則搭乘當地的大眾交通工具，就成了我的旅行儀式之一。

香港的演出非常成功，認識了許多當地的校園歌手，也見識到他們與台灣不一樣的舞台工作流程。我發現他們受到英國制度的影響，對於幕後工作人員是絕對尊重的，所以排練時，一切都聽舞台監督的安排。後台井然有序，每個工作人員的職掌都清清楚楚。我從他們那裡虛心學到的這一點，真是受用無窮。回台灣後，每一場我參與的演唱會，我都會盡量尊重各種專業，同時也知道如何要求更棒的演出品質。

是在那場演出的前後吧，余光中教授認為我是台灣的民歌之母，我記得還曾當面推辭說，我認為自己應該是民歌的保母，因為大家說楊弦是民歌之父，他寫歌、唱歌並推出史上第一張《中國現代民歌集》唱片，而我既不寫歌也不唱歌。余教授說：「你是推動搖籃的手，足以當之。」「民歌之母」的稱謂，就是如此而來的。

第二年，我們在國父紀念館舉辦「民歌的故事」演唱會，就回報了香港現代民歌協會，邀請他們的會長與副會長來台參加。

民風樂府與歡迎春天演唱會

民風樂府最早是在一九八〇年十月初次以這個名稱舉辦了演唱會，當時我們加入了中華民歌歌詞作家協會，在其下組成民歌委員會，對外辦活動時就使用這個名稱。後來脫離並正式向台北市政府登記成為一個表演團體，一九九五年主辦完「民歌二十」演唱會後，民風樂府正式畫下句點。

在以民風樂府為名所主辦的許多場演出中，我最難忘的是以環保為議題的「歡迎春天」演唱會。這場一九八一年一月十四日在國父紀念館舉行的演出，是針對那陣子常常在報上看到恆春滿街的烤小鳥，捉鳥人在候鳥飛來時設置「鳥兒踏」，飛累的鳥兒一踏上就會被抓，然後就被人吃下肚子。除了伯勞鳥，還有灰面鷲也被濫捕。

於是我們開會討論如何辦一場以環保為主題的演唱會，張曉風女士幫我們在節目單上寫了文章，標題是「本然」，其中有一段說：

> 我不過是個期望事情保持「本然」的人，我不過希望溪水有其本然的清潔，空氣有其本然的乾淨，飛鳥有其本然歡悦的人。……唱民歌的朋友，在我看來也是一些跟我一樣很本然的人，這些人不過是在六弦琴上撥下一個音，開始唱起來的人。……把天空留給鳥，把大地留給弦歌，把春天留給易感的心，讓一切還其本然——我們都是些普普通通的人，想遂行我們普普通通的願望，如此而已。

我當時在節目單上也說明了企劃這個演出時，用了多少專業人士的協助。演出的話有關節目的部分包含：

委員們一致同意以「我們的生活環境」為主題。

這次演唱會楊耀東責任重大，他不但與吳楚楚、蘇來同為執行製作之一，還要練唱新歌及練舞。受過舞蹈訓練的他，將與黃麗薰老師「漢聲舞集」的十位舞者，共同擔任「都市旋律」部分的舞蹈。黃老師還編了一支「鷺鷥」的獨舞。

金士傑幫我們編了「灰面鷲」的默劇，楊俊俠扮演灰面鷲，黃大城扮演捕鳥人。在「靜靜的河水」部分，金士傑設計了一段釣魚人的穿插，由趙樹海扮演釣魚人（釣起來一堆垃圾）。

李建復利用年假回台北時，聽說有那麼一場音樂會，他卻因為身在鳳山無法參加，連呼：「可惜，可惜！」好在他臨走前錄下〈候鳥之歌〉，到時大家仍可聽見他深情的演唱。

這場音樂會叫做「歡迎春天」。很久以前就讀過《寂靜的春天》這本書

（一九六二年瑞秋．卡森的著作）。人類若是再不好好對待地球（亂用農藥），有一天，春天來時，聽不見鳥叫，也看不見各種野生動物。這樣的春天我們不歡迎，我們歡迎的是一個熱鬧而喧囂的，正常的春天。

因為這個演出需要編舞，所以鄭怡到錄音室錄唱了只有鋼琴伴奏的〈鷺鷥〉。我也保留了李建復演唱的〈候鳥之歌〉。從中廣退休時，所有的資產都歸還公司了，但是這兩個盤帶，是由演出時的費用錄製的，所以我留在身邊。二〇一五年在主導《民歌四十》專書時，我們出版了三張CD，這兩首歌都在經過詞曲創作者、歌手的同意後，收在其中。每次有機會去演說，我都會介紹這兩首歌，因為詞曲都好動人。

〈候鳥之歌〉　奚淞詞／樊曼儂曲／李建復演唱

鳥兒輕輕地飛　鳥兒高高地飛
飛過重重的高山　飛過遼闊的大海
要飛去那遙遠的地方

你有紅紅熱熱的血　和跳躍的心　跟我們一樣
你會渴會餓　會快樂和痛苦　跟我們一樣
當你飛倦了，讓我們做個好主人
讓你平安地在我們田野裡休息
等明日你展翅再飛　祝你飛得更高更遠

這首〈鷺鷥〉，後來也被侯季然導演選做紀錄片《四十年》的片尾歌曲，一邊聽歌，一邊看著當年還年輕的民歌手的照片，配合歌詞淡淡憂傷的意境，好像就是為我們而寫的！

〈鷺鷥〉　蘇來詞曲／鄭怡演唱

你可曾見我　在水天中佇立
你可曾見我　漫步在那小溪
陽光初現的清晨

你可曾見我　展翅迎風　飛向晴空
你可曾見我　在雲端追逐　和朝陽遊戲
飛向無窮的時空
你可曾見我　在水天中佇立
你可曾見我　漫步在那小溪
微雨初現的清晨
你可曾見我　昂首遠離　飛入煙雨
你可曾見我　隱身入雲霧　不復戀塵世
飛向無窮的時空
你可曾見我
你可曾見我

我在民歌時期最喜歡與參加的歌手們一起設計節目，他們通常都會來我家客廳開會，大家在榻榻米上席地而坐。每次遇到困難，我會很生氣，氣頭上就總愛說以後再也不辦演唱會了。可是一個活動才剛結束，我立刻想著下一次怎麼做會更好，這常常是身邊一起工作的朋友們最愛嘲笑我的地方。那時我還沒去上過任何課程，還不懂心口一致的重要性。正因如此，才能在年輕時結交許多朋友。累歸累，樂趣其實也不少，否則恐怕支持不下去。

離開青春網

廣播生涯中再次感到遺憾並且想要離開，是在青春網的後期，有趣的是它背後的癥結點仍然與廣告業務有關。這個針對青少年設計的頻道，收聽率不錯，每次辦活動時也非常受歡迎。但是廠商認定青少年的消費能力不足，因此，每次在各部門的會議上，節目部的主管常常必須承擔一定程度的壓力。我們的形式在幾年中改變了好幾次，目的都是希望能夠找到更穩的贊助商。

我在青春網工作的最後階段，因為公司把播出時段用來轉播棒球，以致許多主持人受到影響而不滿，我當然也不滿，我就對主要報社還有專跑廣播的記者訴苦。公司對我直接向記者說出不滿，可能很不以為然吧！

還有人看見我就說：「天天上報，你好紅啊。」來諷刺我呢！

回頭讀那時的日記，我真的好不快樂，天天想著什麼時候可以離開。我終於在青春網正式結束前，也就是一九九四年三月，從工作了將近三十年的中國廣播公司退休。那年我四十八歲。

從每天變成每週主持人

在台北之音電台工作了幾年，我再次因為廣告業務的關係，面對生命中的重要課題——抉擇。

商業電台需要廣告，我的每日節目不是音樂性質的節目，而是談話性質，當然不容易拉到還願意花錢在電台買廣告的唱片公司廣告。電台主管曾希望我改做音樂節目，但我拒絕了。那時我認為做音樂節目太簡單、太沒挑戰性了。最終電台只好把我的節目挪到週六與週日去。

接到通知的那一天，我簡直傷透了心。內心最先冒出來的聲音是：「你看吧！你就是不夠好，人家才會不要你。」經過思索後，還有讓我傷心的念頭是：「你就是打不過商業廣告的市場需求，節目做得再好也沒用，沒廣告就無法生存！」

心中傷感，幾乎決定退出廣播了。「老娘不幹了！」是我生氣時內心的怒吼！

回家後面對家中三位男士，我先生說：「你學的那些不只在節目中才有用，日常生活、做音樂節目，都隨時可以用上的。」小球說：「你現在一定很生氣，很難過，不論你做什麼決定，我都支持你。」小虎則是針對我的一個論點提出他的反思，我曾說前幾天一位計程車司機認出來是我，告訴我聽了節目以後有很多成長。小虎說：「喜歡聽你節目的人會告訴你，但不喜歡的人只會轉台。」可不是嗎？解嚴之後，電台頻道開放，可供選擇的頻道更多了。

經過長考，我感恩生命中這三位重要男性提供的意見，一個建議、一個同理、一個點出事實，幫助我做出了艱難的決定。

我認為現今社會的競爭如此激烈，是我疏忽了商業利益的重要性，只在意工作上的樂趣與挑戰，我要為此付出代價。雖然節目時間從每天一小時、每週有五小時，縮減為每週只剩兩小時，好像是一種貶低，但我是否要感恩，因為他們不是直接開除我，而仍然願意把珍貴的時段留給我。我依然珍惜每週兩小時透過收音機與聽眾分享學習與音樂的機會。於是我接納了現實，穿越失落的痛苦，高高興興地規劃我的新節目。

全我——我的各個面向

這是海文學院的必修課程，每個畢業生都需要對這個理論瞭如指掌。我從中獲得許多養分，也因此非常樂意加入到自己的課程中。

小嬰兒出生前，在媽媽肚子裡就已經有著先天的個性了。就像一顆橡實，不可能長成一棵榕樹一樣。出生後，他原本有著成為自己樣子的種種可能性，那就是每個人的**真實我**。

不過，如果沒有家庭中長者的教育和期待，沒有學校老師的教導，沒有每個人放下真實我，學習社會規範的話，就會變成與社會格格不入的人。因此長到某一個年紀，我們都無一例外地知道自己應該如何，不應該如何。也就是說，我們都有著一個**理想我**誕生了。為了達到理想我，大家都要努力追求目標。過程中經常必須背棄真實我，而變得嚴肅、掌控、想要凸顯自己或是追求完美。

然而理想是不可能達到了，又或是暫時達到後，立刻又產生了新的理想，便展開另一次追求過程中的極力奮鬥。於是產生了一個既非真實也非理想的**現實我**。處在現實我的那個「我」，是很不快樂的，經常感到生命無意義，非常疲倦。一再的循環中，為了遠離那種無力感或不快樂，每個人都用自己的聰明才智創造出不同的內在批判，或是更深刻的自我憎恨方式。有些人展現在身體上：睡眠失調、飲食失調、罹患各種疾病等；有些人展現在行為上：抽菸、喝酒成癮，藥物成癮，購物、工作、性愛成癮等，有些人呈現在精神層面上：各種精神官能症、精神疾病等。

生命到此看來實在無趣極了，哪怕外在呈現出來的是多麼光鮮亮麗，只有內心知道，自己有多麼難受。

在我的課程中，此時學員們會分享自己應該是什麼樣子，或是不應該做什麼。接著談到自己選擇逃避，不活在當下等不投入生命的方式。通常這個討論也會十分熱絡，因為每個人生長的環境不同，面對的挑戰不同，無意識選擇的自恨方式也千奇百怪。更重要的是大家都明白，說到底，我們都只是個正常的平凡人。

許多人慶幸著，不論是來參加讀書會，或是上成長課程的工作坊，都從這時開始探索自我。經過有意識的呼吸，再度跟身體產生連結，開始覺察自己的感受，承認自己的模式、接納自己只是個凡人，可以為自己決定不同於過去的行動之後，開始感激與欣賞自己了。

於是我們逐漸有意識地為自己創造自我疼惜，開始走上回家之路。這條路不同於最早只知努力追求目標的榮耀之路，它更在意過程中的幽默感，願意呈現脆弱、展現自我，以及挺身向前。

在整個過程中，並非只有疼惜自我是追求的目標，因為這麼一來又成了另一個要去努力追求的理想我。事實上覺察才是重點，明白在我們的生命中，真實我、理想我、現實我都是**全我**的一部分。明白自我憎恨與內在法官的批判不可能消失，只在我們是否願意換一個態度去面對它，然後轉成自我疼惜，為今後的生命，時時做出新的抉擇。

此時學員們可以分成小組討論回去之後如何自我疼惜。這時通常教室中的能量會變得非常高。真高興大家在不斷的自責中，加入自我疼惜的元素，生命的品質自然也隨之提升了。

寫給麥基卓的信

親愛的基卓：

我們已經有了二十五年的交情啦！你和煥祥在我心中有很長一段時間都是擁有非常崇高地位的老師。在階段一的課程裡，每個學員都有機會做一次私人個案，我的個案就是由你幫我做的。那是我第一次透過完形治療的方式，跟我去世多年的母親對話。長久以來埋在我心中，以為永遠不可能再傳達的心意，在你的帶領之下，毫無顧忌地全盤傾訴。在又哭又笑差不多二十分鐘之後，通體舒暢的我，不但佩服你的功力，同時也在那時埋下了日後從事類似工作的種子。

從小接受西方式教育的我，對於中醫幾乎是一竅不通的。經由你的帶領，以及每當你提到中國哲學時，那種興奮的語氣，加上生動的表情和動作，讓我不得不全神貫注地聽你分享，也因為這樣，我才有機會回頭去看老祖宗留下來的寶物。

二〇〇五年四月你們來台做一場演說與兩個工作坊——關係花園工作坊、超個人心理工作坊，我正式在你們的課堂上當口譯。也在那年十一月，我跟殷正洋、李文瑗、姚黛瑋、張亞輝開始翻譯《生命花園》。

非常感激你們二〇〇六年六月在北京連續兩年舉辦一連十天的「東方遇見西方」課程時，邀請我去參加。我是少數未繳學費的學員。在這場研習中，我聽說你們開始寫新書了，後來這本書在台灣也出版了，我的讀書會用了兩年時間，每月讀一個章節，讀完這本集你們一生精華的《存乎一心》。

有機會去溫哥華，我一定會跟你聯絡，我逐漸把你們從老師的寶座上拉下來，才能感受到與你們平起平坐、自由談天的樂趣。

有一次我們唯一可以碰面的時間，是我從海文學院搭渡輪到那乃摩（Nanaimo），換搭另一艘渡輪去溫哥華中間有一個多小時。你們在那乃摩的第一個碼頭接到我，就開車帶我逛街，找了一家咖啡館坐下，細細問這次課程中我的學習狀況。時間一到，又送我去另外一個碼頭搭船。

又有一次，我想約你們見個面，你說剛好有一齣舞劇在你家附近演出，想請我看。我就真的延後一晚回台北，不但一起看了這齣舞劇，演出後還去你們家吃蛋糕。你說很感謝每兩年去一次台北時，我常會帶你們去看演出。確實，我們去看過雲門舞集的《紅樓夢》，有一次是去看張繼青演出的崑曲《遊園驚夢》，這是你們初次體驗崑劇的美，讚嘆不已。回想起來，沒能在你們每年固定的紐約觀劇之旅「參上一咖」，可能是我最遺憾的事了，畢竟我們都是愛看表演的人。煥祥病重時，很擔心你的狀態。他去世後，我們收到你寫給大家的公開信，知道你沒問題，才安心了！

上次見你是在二〇一五年九月，我去海文學院擔任階段一課程的助教，跟幾個助教約你在學院餐廳吃午餐。你非常誠實地告訴我們，在照顧煥祥面對死亡的過程中，自己心情的起伏，以及遇到挫折時如何轉化。

我特別喜歡聽你說關於北美洲野牛的故事。每當遇到大風雪，牠們通常都會面對風雪，因為知道這是穿越風雪最快的方式。想來牠們的祖先，一定有過背對風雪、拚命逃跑的失敗經驗。於是這個「面對」的智慧，深刻地植入北美洲野牛的基因中。

真是幸運，在我生命中遇見了你，那種亦師亦友的感覺，好幸福！

愛你的曉清二〇一七年五月三日

04
step

大掙扎期——追求對象、婚姻、工作的危機

陳怡安在《人生七大危機》提到的第四個危機，是大掙扎期危機。分為三個段落，分別是追求對象的危機、婚姻的危機與工作的危機。

第一段是談追求對象的危機，從心理、生理、精神三方面談為何要追求對象，需要小心選擇合適對象與幻滅的危機。生命中不可能有完美的對象，只有在調適過程中的共同成長。婚姻危機從婚姻的意義說起，懂得付出、支持的人，才能自覺的承擔與履行社會責任。婚姻也是落實身心的定點，因為只有決定結婚的雙方都是定的，才能在定中生根。婚姻是人生的回歸點，讓家成為休息、成長、付出，再出外求學、工作的地方。人性深化的美就是能

負擔，也能在婚姻生活中，經過不斷地肯定與否定讓自己更成熟。

然後談婚姻的七大危機，包含逃避現實、理想的破滅、不自覺——已從單身變社群、沒有給予的能力、無法解決多層而複雜的負擔、對自己不肯定、幻想更好的可能性。針對這些危機的預防與處理，則需要保持開放的心、學習接受、尊重生命的神祕性、有紀律地維持整潔的家庭空間、保養身體、持續的成長、塑造家庭文化、妥善安排與計劃家庭經濟、訂立家庭的政治計畫、初衷的維持、對性有更清楚的了解、衝突的化解、個人時間的維護、保持個人的尊嚴、彼此交代而獨立、人生理想的再探討。

工作危機是從工作與職業的意義說起，工作的價值不光是收入而已。引發工作危機的原因有很多種，例如不知道自己真的要什麼、對自己能力的懷疑、經濟的壓力過重、成就帶來的多層衝突、想實現更高的人生理想、無法適應社會價值的轉換。面對工作危機的方式與面對婚姻危機類似，必須先有自己的肯定性，再一步步實現理想。

第五幕 悲傷與失落

我一一列下生命階段中的失落，不再逃避悲傷，該哭的時候好好哭，該放下的事情就放下，還沒結束的未了情，就讓它繼續放著，等待日後有進一步面對與處理的機會。

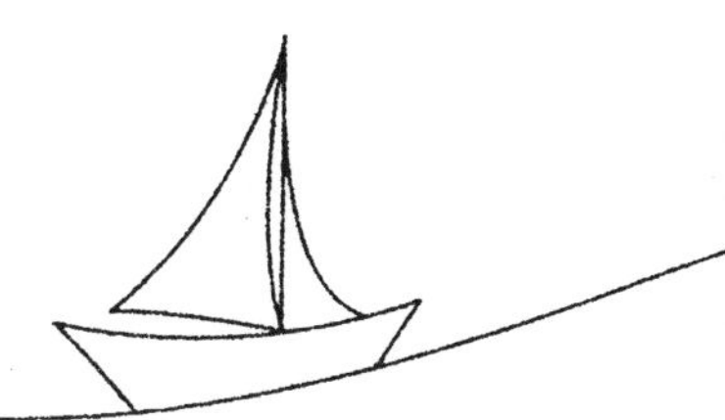

人到中年——面對生命逐漸往下坡走

生命中唯一不變的真理，就是世界不斷地變化。

從小到大，我們不知道要面對多少改變，每一次的分離都是另一個階段生命的開始。小時候常感覺時間過得好慢，怎麼都不能快點長大，好得到更多的自由。曾幾何時，生命之河快速流轉，特別是過了中年之後，一天天，一年年，瞬忽即逝。

我還清楚記得要配老花眼鏡的時候。突然看不清楚書上的小字了，一向從不戴眼鏡的我，從此眼鏡成為最重要的身外之物。而且隔一段日子又會因為看不清楚，而去驗光配新眼鏡。後來才知道，不是每個人都像我一樣，隨時都想要看得清楚。

中年要面對的是身體機能的衰退，從前熬夜是小事，隔天多睡一會兒就恢復了，不知何時起，熬夜後要恢復變得需要好幾天。每過一陣子批判自己過胖了，我就去找營養師指導健康的減肥，等我中年後，她就一再提醒，要慢慢減，因為新陳代謝變慢了。接著膝蓋疼了，腰背也因椎間盤突出而必須去復健。最後是更年期到了。

我對自己面對更年期時的憂鬱印象深刻，雖然還沒有到憂鬱症的狀態，但那種面對未知、哀悼失去的心情，確實十分低落。

外表上看起來仍是光鮮亮麗的，但內心卻相當不踏實。朋友介紹我去看一位老中醫，他一把脈就問我：「四十幾啦？」一般人都說你看起來不過三十出頭，但中醫師一把脈就知道這是個中年人了。

第一次去加拿大上課時，我是四十六歲；離開中廣從正式的職業退休時，是四十八歲。正好是面對生命中重大身心改變的時刻，我相當慶幸能去上課，讓自己找到安頓身心的各種方法。

悲傷與失落的探索

在各種課程中，我學習探索過去，並學著善用學習到的工具，來給自己創造更多可能性的未來。

在「悲傷與失落」的課程中，我跟一個藍眼棕髮的年輕女孩一起做練習。老師要我們面對面坐著，雙手牽著，直視對方的眼睛，但不要說話，去體會可能發生的任何感受。深深看入對方的眼睛時，不知為什麼，我竟然感到悲傷而流下眼淚。她看著我，眼神中沒有任何雜質，純粹地接納與陪伴，我第一次感受到我是可以悲傷的，原來過去的我壓抑著悲傷的情緒。接受自己之後，我繼續流淚，那淚水是感恩與感動。好感謝這個陪著我練習的女子。找回屬於自己的悲傷而可以好好哭一場時，我的生命更加完整了。

於是在這個工作坊中，我一一列下生命階段中的失落，不再逃避悲傷，該哭的時候好好哭，該放下的事情就放下，還沒結束的未了情，就讓它繼續放著，等待日後有進一步面對與處理的機會。

常在心上的好友

艾倫（Alan Brown）是我一九九二年首次去海文學院上課時認識的，我們在同一個小組，幾乎每天晚上都一起上課，所以每次回海文學院時，我都會想辦法跟他見面。他在跟癌症奮鬥多年後已經往生。二〇〇五年我在專欄寫過關於他的故事，一方面是紀念這位好友，一方面也想把跟他的友誼留下文字的紀錄。

在書店看到這本書的時候，就覺得它該是屬於艾倫的。這是一本圖文並茂用銅版紙印刷的老子《道德經》精裝本。每一頁版面的編輯都很出色，翻開書的左頁是淡墨毛筆撰寫的中文《道德經》，相對的右頁就是英文翻譯，背景是類似攝影大師安索・亞當斯（Ansel Adams）風格的黑白照片，每隔幾頁就出現整頁的照片，這些照片一定跟經文內容的意境相關，實在是一本設計得極為精緻的書。

由於我是在旅途中逛書店時看見的，除了立刻升起這本書可以送給艾倫的這個意念外，另一個聲音也沒放過我：「這書好重，買下之後行李會更重了，你不是因為到這裡卸下了一堆送人的禮物，才剛覺得輕鬆些，怎麼又要買送人的禮物了？你可不是直接去島上哦，你要再飛經另一個地方之後才會到艾倫住的小島，這中間還要搭渡輪。很麻煩呢！你可得想清楚。這一路都是你一個人，不會有人幫你提行李的。」

我得再想想。

艾倫與我。

跟艾倫認識也有十幾年了，那時我們一起參加一個課程，屬於同一個小組，在一個月的課程中天天見面，當時就很欣賞他的與眾不同。團員中對他最不滿的地方是，明明是一件很簡單的事情，他偏偏要用大家不常用的語言描述，你可以想像大家都說白話文的時候，有個傢伙偏用文言文跟你之乎者也，會是什麼感覺。我對這一點覺得好奇，於是跟他約了一起吃飯，問他原因。

他說他自小愛讀書，在接觸到中國的《易經》與《道德經》之後，更是成為信徒，每天早上的第一件事就是翻開《易經》，隨意讀一段，他覺得這樣生活才有意思。

就因為書讀得多，可以運用的辭彙也多，就是要用跟人家不一樣的辭彙來表達自己的意見。他說若是聽不懂或是有疑問，隨時可以追問他，這不就是我們來上課的目的嗎？不要自以為是，隨時跟他人核對，看自己是不是聽見對方真正的意思。

對我來說，這段在加拿大上課的日子，追問別人到底在說些什麼是家常便飯，有時候是因為他們說太快，有時候每個字都懂但卻不明白真正的意思。所以常問艾倫到底是什麼意思，他不厭其煩地跟我說明，反而成為我覺得跟他特別親近的原因。

艾倫是在嬉皮盛行的六〇年代搬到島上居住的。他在加拿大中部地區長大，大學畢業就跟一群同是嬉皮的友人到處旅行，聽說這裡有個小島很符合他們要找的條件，於是就來了。當時一起來的人雖然剛開始都跟他一樣興奮地住下來，但到最後只有他一個人留了下來，再也沒有離開。

我愛去島上上課，除了想念老師與居住環境的淳樸自然之外，每次能去跟艾倫見個面，談上一兩個小時的話，追問他到底是什麼意思，似乎也成為一個儀式中重要的部分。

所以我在書店抓著這本讓我愛不釋手的書，想像著艾倫拿到它時會有什麼表情，就決定不管它有多重，我都買了。讓溫暖的感情戰勝冷冰冰的理性分析。

艾倫是個木工，我看過他剛搬來島上時的照片，根本就是個嬉皮，留著一頭長髮與長鬍子，追求崇尚自然的生活。這個老嬉皮還愛狗成痴。他從來沒有不養狗的日子，而且一養就至少兩、三隻。

有一次我又去島上上課，我們約好利用中午的休息時間，由他開車來帶我去玩。看到他穿的衣服上有著木屑與油漆的痕跡，我才意識到他是放下工作直接來接我的。他指著那輛老舊的卡車說，別看它外表不怎麼樣，但性能極佳。他要我原諒車中全是狗的味道，以及到處都有的狗毛，因為他的狗平常都是坐在前座的。

艾倫先帶我去看了島上的一個公園的岬角，在高大的樹蔭下，有著公園常見的雙人座靠背椅。夏天這裡常常會有鯨魚游過，因為地勢高，視野佳，是觀鯨的最佳據點。不過我們去的季節不對，強風對著我們直吹過來，只能想像夏天時的情境。

他又帶我去看一些島上最古老的房子。房子幾乎都面對著風景極美的海岸線。他指著房子之間的小道說，其中哪幾條是他剛搬到島上時跟一些朋友共同開闢出來的。我從來沒有認識像艾倫這樣「雙手萬能」的朋友。他接著又說，除了開路，他還會種樹、蓋房子。

一大片的林子都是他種的樹，都是二十年左右就能砍下來製造家具與做器具的木材。

他還帶著我去參觀接近完工的房子。這是他自己動手完成的第三棟房子。第一棟是多年前給自己蓋的，他現在還住在那兒，等第三棟蓋好才會搬過來。第二棟是他替父親蓋的，在他父親晚年時帶來更好的生命品質。

聽艾倫娓娓訴說他與父親的互動模式時，突然記起多年前一起上課時的場景。在團體中，一對父子因誤會消除而互相擁抱著，兩人都流下了眼淚。在場的我們也因為受到感動而陪著流淚。這時艾倫一句話也不說地離開了教室，那天一直不見他的人影。

第二天當團體的帶領人以艾倫的不告而別做例子，希望大家要離開前一定要告訴工作人員，免得大家找不到人而著急時，他也只是笑笑沒多說什麼，只輕描淡寫地說：我去看我爸爸了。

我後來才知道，是那對互相擁抱的父子，讓他想到年過七十的父親，不知還能在世上活多久，又想到那幾天才學會真正的愛，是只問付出不問回報的，他後悔自己曾因為一些小事不諒解父親，是那對父子教導了他，讓他下決心放開一切，去跟父親解開那個心結。他回來上課時整個人都亮了起來，說心中的一顆大石頭被自己放下了。

艾倫告訴我這房裡用了哪些木料，什麼木料的質地適合做什麼家具。我很好奇地問他，他到底是靠什麼維生的，是幫人修理房子、製作器具還是賣木材？

他就在這個尚未完工、堆滿各種材料、充滿木頭香味的房子裡，告訴我他所做的工作全與木頭有關，但是他最喜歡幫別人設計家具。他一定要事先透過談話盡量了解這個人的思想與品味，然後才會去丈量正確的尺寸。通常經過談話之後，他畫出來的設計圖都會讓客戶嘆為觀止地說：「你怎麼知道我就是要這個樣子的東西？」艾倫說，所有客戶到後來都成為他的朋友，他說：「只要你願意，你就會聽到他們所說的話，你就會認識一個靈魂。」

世界上如果再多一些像艾倫這樣的人該有多好！他真心傾聽別人說話，而不光只急著說自己的；他對待狗兒像對自家人一般親密，絕不始亂終棄；他熱愛自己的工作，是真正樂在其中的行家。

我還聽到他跟兒子一起上「男性工作坊」的故事。艾倫的大女兒相當叛逆，但兒子卻一直是個乖寶寶。兩個孩子都在艾倫與前妻離婚後，輪流跟父母住。孩子跟他原本都不親，但是他年紀越大越希望跟孩子更接近。在上過一些成長課程之後，他開始邀約孩子也一起上課。他女兒一口拒絕，兒子倒是願意試試看。在男性工作坊中，艾倫第一次透過深度對談與角色扮演，真正認識了自己的兒子。

他告訴我在角色互換的過程中，他好舒服地躺在兒子的懷抱中，享受他父親對他的關愛與撫慰，而且一點都不覺得在孩子面前流淚是丟臉的事。他兒子也在扮演父親這個角色時，突然意識到成為一個大人時責任似乎十分重大，好像自己永遠也不可能預備好。但是在看見父親能讓他保護、能信任他而自在地流淚，他突然就覺得自己有力量了，好像這世上再沒什麼事能難倒他。

他們在完成這個課題後還做了分享。兩個人都更加了解與接納對方，過去曾有的小小隔閡與過節，似乎都不重要了。

我好羨慕他們父子能這麼靠近，因為看過太多因不肯誠實面對而產生巨大撕裂的父子或母女。這也是我第一次聽說國外有男性工作坊這樣的團體。我問過當時帶團的外國老師，問他願不願意來台灣帶一次這樣的團體。他當然是願意的，問題是在十多年前我所認識的翻譯全是女生，事情就辦不成了。倒也不是說找不到英文好的男生，而是要能做這種課程的翻譯，必須要認同這個課程的內容與方式。而在那時候，大多數的男生都不願意在人前示弱，在一個應該算是安全而可以守密的團體中，也一樣不願意開放自己。

我在看到與聽到艾倫與他的父親、兒子的故事時，不但不覺得他是個弱者，反而更加喜歡與敬重這位朋友了。

二〇一〇年畢業前，我需要完成長達一個月的資深實習生課程，之後就可以畢業了。那時艾倫正與癌症抗衡，化療之後總要過幾天才有力氣出門。畢業典禮的前一天，正是他狀況很好的日子，於是他說要利用午休時間來看我。

我非常喜歡海文學院替曾在那裡居住過的禪宗大師雷普斯（Paul Rips）保留的兩個房間，一間可以用來冥想，一間則是小書房。有人晚上睡不著覺，這兩間小房間是二十四小時開放的，可以來這裡看書或是打坐冥想。我跟艾倫也經常會在走累了時，到這間小屋坐一下，同時也來拜望這位大師，看看他的照片、讀一下他掛在牆上的風趣言語。

我告訴艾倫，我在畢業典禮上想唱一首短歌，代替發言。希望他能在雷普斯的小屋中先聽我唱一次。我之所以會有這個構想，是因為每次到這個小屋，經常會感受到一股溫暖的能量。彷彿這位禪宗大師就跟我們在一起，我私心認定雷普斯也是我的保護神之一。我要唱的是〈花非花〉，這首具有禪意的歌，剛好能表達我多年來在這個小屋與這裡所有人連結時的心情。將歌詞大意翻給艾倫後，我用心地唱這首歌。艾倫說，他非常榮幸能在這樣重要的情況下，優先於其他人，聽我唱這首歌。

我聽他說，他已經預備好接納自己的死亡，連臨終時要聽什麼音樂都選好了。我說他好勇敢。他說他不是勇敢，勇敢是時時變化（moment by moment）的狀態。

隔天的畢業典禮，艾倫出席了，給了我一個大大的擁抱。我謝謝他這些年來對我的支持與陪伴。雖然不常見面，卻是時常在我心上的好友。那是我最後一次見到他。送我到渡輪碼頭，看著我走到等待室，跟我招手說再見的艾倫的樣子，會一直留在我的腦中。

與合作夥伴的分離

有一次，我接到合作夥伴的電話，她問我有人找她去大陸開課，她可以去教我們兩個一起設計的某一個課程嗎？我當時馬上在內心升起兩種感受，一個是認為被利用而感到生氣，一個是認為被拋棄而感到傷心。於是我誠實告知對方我的感受，我們因此有了很深刻的一場對話。事實是她並未利用我，也沒有拋棄我，這只是一個基於大陸方有人邀約，什麼都還沒確定的詢問電話。

我自己的經驗是安排課程的一方，總是希望將預算壓低，一個人帶課與兩個人帶課相比，確實什麼都加倍。但是我喜歡兩個人合作，也盡量推薦兩人一起帶的課程。我在跟夥伴談過並了解來龍去脈後，欣然接受如果可以一起去就一起去，不然她一個人去也是可以的。

但為什麼一開始時，我的反應會那麼激烈？

這勾起了我曾經因為雙方解讀不同，而有一段不想提起、不想再面對的失落經驗。在那次慘痛的往事中，失去一個本來全然信任的工作夥伴。那痛楚可能與面對離婚差不多吧？而當時之所以會有那樣的結果，就是沒能像現在這樣毫無防衛的敞開內心，把真實的感受向對方表達，也沒有勇氣呈現自己的脆弱。

多年之後，那個傷痛偶爾還會跳出來刺痛我一下。所以那個詢問的電話就是個炸彈。還好我承認自己只是個平凡的人，不是因為上過課、學過諮商，就變成了「完人」。我覺察到了，我承認了，我接納自己的人性面，我採取了與以前不一樣的行動，最後我要感謝自己確實與從前不一樣了。

對界限的學習

在海文學院的課程中，有幾個議題對我影響重大，其中非常重要的是界限。如果簡單的用文字來說明的話，就是我要什麼，我不要什麼，都能清楚說出來，但是卻並未強求對方一定要做到。

首先要清楚自己的偏好，然後能清楚表達。更重要的是，不強迫對方一定要按照自己想要的去做，這才是對自己與他人的尊重。

我在課堂上有過一次深刻的體會。同學菲爾說看到我把餅乾直接拿給一位盲者吃，他感到十分生氣，因為：「你剝奪了她探索的可能性。」我聽了很難過，我回說只是想幫忙而已。菲爾說，如果他是盲者，會想要知道餅乾是用什麼樣的盤子裝的，盤子中有多少種口味的餅乾，然後挑出自己喜歡的口味來吃。

我這才恍然大悟，原來我過去一直都是一廂情願地照顧他人，自以為那是對他們好，無意中卻剝奪了他人自主的權力。怪不得我帶團去美國巡迴演唱時，因為希望團員在晚上不要去紐約的酒吧街逛，而被人說：「你管太多了吧！又不是我媽。」

現在我了解，就算是媽，有些事也不宜管。

自己在帶課時，喜歡用的界限練習，是讓學員五個人一組，一個人站在一端，其他四人站在另一端。單獨的人是主角，其他人是配角。配角要用極慢的速度，一步步往主角走去，主角需要呼吸並以清楚的手勢告訴對方停止或是繼續向前走，最後決定這個人要走到離他多近的時候站住，是他此刻與這個人最舒適的距離。

一個主角要面對四個配角，一人做完，換下一個人當主角，直到五個人都做過一次主角為止。過程中，常有人以為讓人走得越近，就表示跟這個人關係越好，所以常忽略了身體上可能產生的不舒服，而勉強讓他人走近到超過自己界限的程度。也有人以開玩笑的態度在玩遊戲。只要認真去面對的學員，會在這個練習中獲益良多。

有些學員在不一樣的課程中做過不只一次這個練習，他們的回饋經常是第二次做時會更專注、更投入，也更會把焦點放在自己身體上。也因此更加了解自己的喜惡。

從揪心到放下

我去加拿大海文學院上課時，對於兩位老師的課程非常喜歡，當時就買了類似講義的書，叫做《生命手冊》。後來他們以書籍方式出版，我很想幫他們翻譯，因緣際會的在經過許多年之後，我參與翻譯的《新生命手冊》（心理出版社）在二〇〇〇年十一月出版了。

後來在二〇〇四年，作者在合約期滿後，把書交給另一家出版社，並要重新翻譯。我向出版社爭取並邀另外四人——殷正洋、李文瑗、張亞輝、姚黛瑋，跟我一起合作、共同翻譯，原因是大家都是上過加拿大海文學院課程的同修，多年來也一直在同一個讀書會。

我們花了兩年才完成翻譯工作。並在二〇〇七年三月在台灣出版，書名為《生命花園》（心靈工坊出版社）。我認為這是我們對加拿大海文學院的回饋，因為這本書一直在不斷地賣著，特別是簡體字版（書名為《懂得生命》，深圳報業集團出版社在二〇〇七年五月出版），我經常在中國遇到讀過它的人過來向我致意。

所以二〇一七年年初，聽說這書又要改版、換新出版社、找人再次重新翻譯時，我內心浮出一些疑惑。原本我認為去海文學院上過課的人才能把握住它的精髓——我們五人都是海文課程的常客；我又希望新的譯者可以參考我們當時的譯本——我們是多麼努力地字斟句酌，過程中也無數次跟作者諮詢。

跟朋友談起此事，他問我既然如此在意，何不再去爭取來重新翻譯。不過，當我問自己要這樣做嗎？我發現答案是：我沒有第三次再翻譯這本書的意願了。

我決定把這些想法與疑惑寫信告訴作者麥基卓，除了請他轉告歡迎參考我們的版本外，我還告訴他，在那個焦慮的背後，原來我擔心的是以後大家會忘記我們幾個人合作翻譯此書時所付出的心力。

《生命花園》的五位譯者，左起：殷正洋、李文瑗、我、姚黛瑋、張亞輝。

在我對基卓誠實地表達後，我發現，原本幾天以來幾乎睡不著覺的強迫思考狀況，在寫信後消失了。對我來說，表達出來就足夠了，並不需要對方接受我的提議。

放下了執念，我一下子就海闊天空了起來。同時我知道新的出版社找到了一位很出色的譯者，因此我更是期待著它的新面貌。

經過這個揪心之後放下的過程，我再次有了一個界限實踐後身心俱爽的體驗！

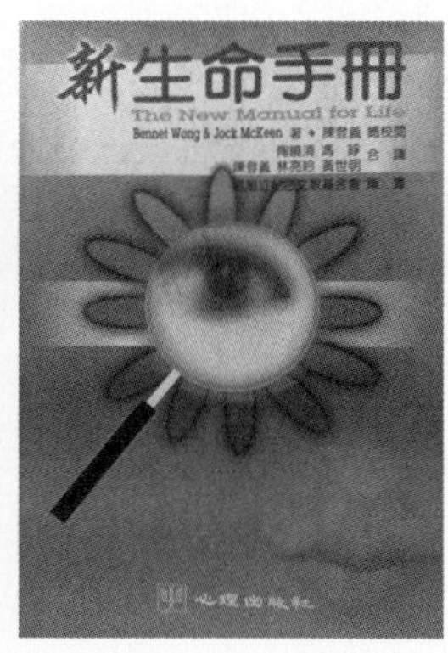

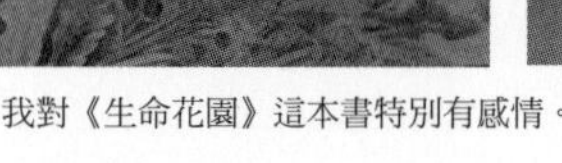
我對《生命花園》這本書特別有感情。

寫給大衛與珊蒂的信

親愛的大衛與珊蒂（Sandey McCartney）：

我是在一次台灣的課程中先認識大衛的，他是跟著煥祥與基卓來當助教的。那時的大衛英俊瀟灑，風度翩翩。我對大衛開始有深刻的印象，是在二〇〇五年幫大衛與琳達的「潛力甦醒」課程翻譯。我好喜歡這兩人一起帶課時的互相幫襯。

直到你們約我幫忙替大陸一家企業的私人課程翻譯，我才真正跟你們夫婦靠近。那真是一次十分有趣的經驗，除了後來有三天的小團體課程之外，先有一堂公開演說課，在大禮堂面對好幾百人，我們站在好大的舞台上。我事前告訴你們，我只有左耳聽得見，所以最好是站在你們兩位的右邊。結果在過程中也不知你們之中誰先把這件事給忘了，而在台上沒有固定動線地走動，於是我只能隨時觀察，誰說話就要跑到誰身邊去翻譯，後來三人在台上跑來跑去這件事，就變成我們互相嘲笑的材料之一。

我真的很喜歡你們在一起真實呈現出彼此是重要關係的感覺。過了很久，我才知道你們一直沒有結婚，但生養了兩個可愛的女兒。珊蒂是那個不想結婚的人，珊蒂在之前的婚姻中受過苦，因此不再依賴婚姻，卻相信關係，選擇與大衛保持這樣的關係。大衛在跟我們閒聊或在課程中，都一再提及與珊蒂的關係是最在意的。

我到過你們的家兩次，第一次是好多人一起在你們家開派對，品嚐到珊蒂親手做的各種小點心，那次好多老師都去了，琳達、基卓、煥祥、葛茉莉，大家吃喝談笑好開心。那次我最感動的是大衛告訴我：「有需要我們幫助的時候，隨時打電話來啊，需要去碼頭接送，或是需要臨時來我們家住一晚，不必客氣，因為我跟珊蒂都把你當朋友看！」

二〇〇八年我跟李文瑗決定幫你們翻譯《活出熱情》，這也讓我們更加靠近，譯書期間經常E-mail來往，我對你們更加敬佩，也更喜歡你們平實的風格。二〇〇九年四月出書時在出版社的邀請下，大衛來台舉行新書的發表和公開課程，我們還一起去北投泡湯，珊蒂沒能一起來真是可惜！

我在一次課程中把我對姪兒的擔心告訴了大衛，希望給我一些建議，那次的諮商對我意義重大。雖然我已經上了那麼多的課程，仍難免陷入想去照顧他人——卻忘記尊重他人意願的一廂情願中。

後來我跟姪兒寫E-mail，訴說我對他的關心，也指出若是他願意，他可以做些什麼去尋求協助。如果他主動採取了行動，證明他確實有意願，我可以提供一部分的經費贊助。換作從前，我大概會幫他報名課程，還幫他繳費，告訴他這是為他好，去上課吧！然後他可能勉強自己去上課，而並未真正全心的學習。大衛，你不知道我多麼感謝你看到了我的一貫模式，而直接提醒了我。

我生病時你們對我的關心，也使我非常感動。二〇一四年春天，你們在深圳帶課程，利用中午導師團隊開會的時間，跟我用Skype通了視訊電話，所有團隊的成員跟我都有過一起工作的經驗，那天大家談得好開心。我忘不了珊蒂說想念我時眼中泛著淚光。細心的珊蒂還讓文淑帶禮物給我，包含一張祝福的卡片，一個美麗的頭巾（這讓當時光頭的我除了假髮又多了一個選擇），一本勵志的小書（每一篇短文或詩，都很能鼓勵正在接受化療的我），還有一包我跟大衛都很愛的伯爵茶（每次泡來喝時，都想著你們夫婦的愛）。

二〇一四年六月結束治療後，我回到深圳擔任助教的第一堂課，就是由你們擔任導師的。跟你們在一起工作，有說不出的舒服與安心。二〇一三年我剛發現癌症時，以為自己很快就要死了，沒想到不但在一年後又可以回去做我最愛的事，二〇一五年八月竟然還到加拿大海文學院擔任助教了。那次你們邀台灣來的文淑、黛瑋和我去家中作客，做了一桌豐盛的菜餚。我們把洗好來不及烘乾的衣服拿去你們家，借用烘乾機。然後再次感受到你們兩位對我們的愛。席間你們一直說多麼珍惜我們之間的連結，我也再次感受到跟你們之間一起工作，一起玩樂，一起成長的樂趣。

我每年都會希望跟你們一起工作至少一次，在寫此信的幾個月之後，又能在深圳見面了。好期待呀！

愛你們的曉清 二〇一七年五月十二日

05

step

中年危機

陳怡安在《人生七大危機》提到的第五個危機，是中年危機。分為四個段落，先從中年危機的現象說起，包含身體狀況慢慢走下坡——老花眼、性功能減退、肌肉鬆弛。女性生育功能的喪失（停經、更年期）。一向被依賴的父母親角色，其重要性不再的失落感。

中年危機在心理上，則是中年人經常氣憤易怒而不自覺，一些專職媽媽也常因孩子不在身邊而把注意力放在先生身上，過度的關注反而引發外遇的危機；男性在強烈想證明自己的同時，正好凸顯出自己的自卑，總是在提當年勇。

至於中年危機的積極處理方法，需要認知到目前是生命的巔峰狀態，是智慧的秋天，有能力、有時間去創造更寬廣的人生，更可以把過去累積的人生智慧貢獻給社會。請享受更精緻的文化活動，並創造和享受更有質地的友誼。

最後談到單身中年的自處之道。不結婚或是不得已而過單身、單親的生活，最要緊的是自我成長的智慧。一生奉獻在宗教與教育的輔仁大學羅修女，把學生都視為自己的孩子；中年喪子的日本經營之神松下幸之助，把公司的員工都看做自己的子女。人性最尊貴的價值莫過於不求回報的付出，價值永存人間。

第六幕　黑洞與資源

不論你的黑洞是身體的疾病或心理的徵狀，
我們都可能因為不同的壓力或是原因而掉進黑洞。
有些人在洞中需要更長的時間，有些人只需短暫停留。
所以，千萬不要急著把在洞中的人拉出來，
而是告訴對方，他不是孤單一人，
等他預備好，我們隨時可以助他一臂之力。

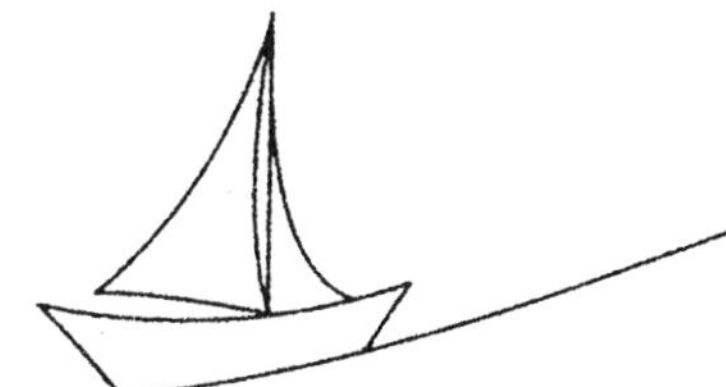

對老去的恐懼、貪念與接納

年輕時最不喜歡遇到倚老賣老的人，那時就告誡自己，要盡量維持年輕的心，努力追隨高科技的發展，不要落後成為一個老骨董。

為了這個理由，我一直讓自己經常性的忙碌著，努力認真的學習與閱讀。一方面我早就明白自己是喜歡做事的人，一方面也清楚萬一有一天變成完全無用時，不知會有多麼痛苦。

我還記得拿到老人優待悠遊卡時，很高興自己的身手仍然矯健，可以在搭公車時免費——一個月六十次，搭捷運時可打折。

那一年，我接了好多的事情，有人來邀約時，只要我認為值得去做，翻開行事曆看到日期可以配合，就義無反顧地去做了。

到了下半年，我特別容易累，膝蓋經常不舒服，鼻子敏感的現象也越來越嚴重，我漸漸感到力不從心，竟然開始懷疑把自己搞成這樣的動機時，我才意識到在如此積極接案子這一行為的背後，其實是對老去的恐懼與否認，更是一個因擔心自己沒用而產生的貪念。於是我決定放慢腳步，先從接納自己已經進入老人的行列這件事開始。

接下來的一年，我調整了心態，不再以工作為唯一的重心。看起來我似乎仍然很忙碌，但其中已經加入了健身、學習、旅遊等純粹是享受的活動。

黑洞的形成與在黑洞中的休養生息

在成長的道路上，從小我們就需要他人的支持，一路上把對自己有用的訊息，放入自己那無形的背包中。像是爬山，路途中遇到其他山友，他們的意見有時也很有用，所以背包越來越重。

快爬到一個山頭時，以為答案就在山頂，不料眼前出現另一座更高的山。這樣的循環不斷重複著，就好像我們沿著一個圓環不停地繞著圈，疲累到受不了的時候，一不小心就掉進了黑洞。

你的黑洞是個什麼樣的地方？通常你會在那裡留多久？

進入老年，我決定放慢腳步。

在一次與憂鬱症有關的課程中，我問學員，掉進憂鬱症的黑洞中，你有什麼好處？

許多人一開始完全不認為得憂鬱症有任何的好處，只看到它所帶來的痛苦與不方便。但漸漸有人發現，他可以不帶任何罪惡感的休息；接著有人說他得到好多親人和朋友的關懷；又有人說他可以卸下之前的重擔；有人因為在黑洞中發現自己竟然會寫詩、畫畫；有人說他重新發現了自己……

我們也邀請學員仔細地審視自己背包中那些一直以來都在影響著自己的信念，有些早已不合時宜，可以馬上丟掉；有些可以修正，有用的就留著。清倉之後的背包變得輕盈，減去了不必要的內耗，就好像更新電腦程式，我們把這個活動稱之為「**更新相信系統**」。

不論你的黑洞是身體的疾病或心理的徵狀，我們都可能因為不同的壓力或是原因而掉進黑洞。有些人在洞中需要更長的時間，有些人只需短暫停留。所以在做助人工作時，千萬不要急著把在洞中的人拉出來，而是告訴對方，他不是孤單一人，等他預備好，我們隨時可以助他一臂之力。

細數個人的資源

絕大多數掉進黑洞的人，都願意爬出來，繼續爬下一座山。但也有些人深陷其中而不想出來，或是有人選擇結束生命。做為助人者，我們一定要接受每個人對自己生命做出的選擇，最終只能接納。

能在教室一起上課的人，是一群能走出黑洞的人。我們會邀請大家細數自己的資源。人們常常忘記自己身邊有著無數的資源。以外在的資源來說，家人、朋友、經濟能力、在課堂上學習到的新工具等都是；以內在資源來說更是豐富，比如我是好學的、有愛心的、堅持的、有耐力的、願意求援的、慷慨的……大家在課堂上各自思考並寫下來。之後每人輪流說一個，重複也沒關係。聽到他人說的資源是自己也擁有卻尚未寫下來的，可以馬上加上去。這張資源表，在大家分享之後會填上當天的日期，以後可以隨時再增加。不論是內在或外在的資源，都是可以不斷增添的。

憂鬱症的痊癒，不是不再復發，而是當復發時能覺察自己的資源，善加利用，每一次能比上一次更快地爬出黑洞。當一個人願意更覺察自己，並轉化自己的觀念時，就不用再那麼擔心掉進黑洞了。

改變是可能的嗎？

我在一個課程中，遇到一位單親媽媽，她年紀跟我差不多，但是看起來至少比我老十歲。她的臉上已經有好多皺紋，脂粉不施，頭髮花白，穿的衣服一看就是以舒適為主的寬袍大袖型。在團體開始自我介紹時，她告訴我們從小在辛苦的環境中成長，遇到暴力的父親，婚姻生活也不幸福，先生會施暴，最終還是離婚，獨自扶養兩個孩子長大。那時她是幫助單親媽媽的志工。

有一天在某個活動中，她走到我身邊，很堅決地對我說：「陶曉清，我最討厭你這種人，一輩子都沒有受苦，永遠高高在上的樣子，真是受不了！」

我非常訝異，心底的聲音是：「你根本不認識我，怎麼就這樣給我貼上標籤了呢？」我清楚的意識到，換作是從前，我會很自然地離她遠一點，並且合理化她對我說的那番話是出於嫉妒。不過，我已經對人產生了好奇心，特別是所謂的非我族類。我真的想知道，為什麼我們會那麼不一樣啊？

我不再那麼害怕衝突，也因為心中很穩定，知道不論她說什麼，其實更多的是跟她的經驗有關，而不一定就是我的問題。我抓住機會繼續與她分享，告訴她就算外在看起來似乎什麼都好，我的生命道路並非一路順暢的，我也有盲點，也經歷許多的掙扎，我也會痛苦。後來我們都很感激彼此能帶著好奇心繼續分享，課程結束時，我們很真誠地互相祝福。

這次的事件使我聯想到，過去在團體中聽到受虐兒的故事，我的心會揪在一起，總認為他們比我更需要老師幫助，跟他們的問題相比，我的狀況實在顯得微不足道，光靠「合理化」，我就可以自己搞定，於是我一直把處理個案的機會讓給別人。

是黃煥祥告訴我，他看到的我，就好像多年前的他一樣，總是一切都自己搞定，認為別人比他更需要幫助。後來他才明白，那樣的想法是對自己的不珍惜，認為自己不值得他人付出關愛；從另一個角度來看，也是一種自大，認為沒人能幫得上忙。又或許是擔憂他人可能會拒絕，就乾脆不開口了。

認真思索後，我完全同意黃煥祥的說法，我確實有時候是怕他人拒絕，有時候認為自己真的有本事搞定，但是真正讓我感受到深層悲哀的，是我常常認為自己不值得他人的付出。

承認之後，世界變得更寬廣了。沒有人要求我改變，是自己看見了可以轉化的契機。以後我每一次升起類似：「不要麻煩別人！」「我可以自己解決！」或是「他比我更需要！」的念頭時，我就可以依據當下的狀況，也就是情境倫理來選擇。

杯子事件

二〇一七年春天，我去東京的小虎家住了一些日子，這次決心一定要看到櫻花盛開，所以停留的時間略長。母子倆似乎發展出一個不互相影響，也能彼此一起過日子的模式。

一個星期六的早上，吃完早餐後，想把裝芝麻醬的小瓶子放到櫥子的最上層，但手不夠穩，以為放好了，瓶子卻掉落下來，把小虎的一個小馬克杯的把手打斷，斷成了三截。

當時就有點心慌意亂了，我一下回到小時候做錯事的小女孩心情，一邊把碎片撿起來，找了一個小夾鍊袋裝起來，一邊還想著怎麼辦？看到杯子上面的圖案，猜測可能是某種紀念品。沒有什麼辨法，只能等小虎醒來馬上告訴他這件事。

我既然做了這個決定，就不想再被自己的懊惱綁架。做完早餐，一如過往地享受著食物的美味，然後舒服地在客廳的沙發上看著我正在追的韓劇，一邊等著兒子睡醒。

小虎的生活是非常緊張忙碌的，平日的工作早出晚歸，只有在週末假日可以多睡一會兒，我當然不會去吵他。等他睡醒走出房門，互相道過早安後，他問我一件事，我們非常嚴肅與投入地討論了那件事，以致於我完全忘記「自首」早上打破他杯子的事了。

等他到廚房去準備早餐時，他看到放在水槽邊上的杯子殘骸，問我發生什麼事了？我如實告訴他，是我不小心讓小瓶子砸下來，打斷了杯子的把手。那時我突然想起小球和他的妻子孟朮前幾天在臉書上說的事，孟朮不小心把新買的茶壺蓋上面的頭給摔了，小球馬上去買了快黏膠修補。

小虎用手機在網路上尋找這個產品，正在懊惱著已經沒貨時，聽到我說：「要不去買個快黏膠回來修補一下！」因為想緩和氣氛，所以我的語氣是較輕鬆的，沒想到他卻在廚房乒乒乓乓起來。

我的模式於是清楚地呈現。我看到他生氣，也跟著生氣了。回到房間，我開始大動作地換衣服，也乒乒乓乓了一番。一邊腦子裡轉著一些負面的想法，諸如：「我這老媽竟然不如一個杯子！」「這小子，我下次再也不要來看他了！」甚至都怪起我的營養師來了：「幹嘛送我芝麻醬！」又怪自己：「幹嘛要多事，還把芝麻醬帶來日本？」

接著，我做了深呼吸，穿衣服的動作慢了下來，我再問自己：「這真是我想要的嗎？」

當然不是，就算是在生氣的狀態，心中仍然充滿了對小虎的愛呀！我再次深呼吸，換好衣服，走出房間，也轉換了心情去面對剛才被我暫時扔下的殘局。

我真的很感謝自己能很快從洞裡爬出來，因為每一次掉進去都是類似的原因——我感到受傷。但是我能越來越快地爬出來，這就是成長。我一點都不後悔我的決定，因為帶著羞愧去面對真實，每一次都能與對方更加靠近，更加了解對方。

經過這次事件，我跟小虎對彼此也更加了解了。我明白他對一些紀念物的珍惜是超過我的想像的，也因此他才會希望我對打破了他心愛之物不是玩笑以對。他又告訴我，

這只打破的杯子，讓我和小虎更了解對方。

他在一邊生氣時也有極強烈的自責：「我怎麼可以對媽媽這樣？」同時也自問：「我也是會打破東西的人呀，或許自己打破時只能認了，但是別人——哪怕是媽媽打破了，仍然還是會生氣。」

我告訴小虎，媽媽老了，再也不是他記憶中那個健步如飛、上天下海幾乎無所不能的女強人啦！在化療期間造成的末梢神經受損，導致我的手指、腳趾一直在麻木狀態，拿東西時需要特別專注，否則就容易出狀況。這也是我要去面對的生命狀態——有些能力會逐漸流失。但是我不要受到它太大的影響，我還是要在餘生裡好好享受生活，做我愛做的事。他也明白，當我在解讀對方不在意我，價值還不如一個物件時，心裡會感到受傷。

那時，突然有一幕往事浮上心頭。我還在念小學時，忘了是幾年級，家人都在客廳裡談天，媽媽坐在沙發上，我坐在她的腳邊。我用手撫摸著媽媽穿著玻璃絲襪的小腿，享受著皮膚接觸絲襪時那種很舒服的感覺。沒多久，媽媽就把我的手拉開，而且用不悅的語氣說：「不要這樣，萬一絲襪破了怎麼辦？」

一向是乖寶寶也很少挨罵的小女孩，一下子感到哀傷了，剛才的愉悅感剎那間消失。我猜測是從那時起，我對媽媽的行為做出了：「我不如一雙絲襪來得重要！」的解讀。此後，每當聽到或看到類似的情境，我就會自動對號入座。在那物質艱難的年代，破掉的絲襪還能拿去修補，媽媽當然會捨不得。不過她可能是無心的行為和一句話，卻造成了那個敏感的小女孩的某種心結。

至於小虎的杯子，他說可能到了最後還是會丟掉，但暫時他是絕對捨不得丟掉的。我問他是否可以給我，因為我可以帶回台北拿來當筆筒用，他還是想留著，或許能把剩下一小截把手的部分磨掉，變成一個握杯來用。

這個杯子事件，成為我們母子間一個共同成長的紀念。

寫給黃煥祥的信

親愛的煥祥：

我真的好想念你。第一次在海文學院上課時，就好喜歡聽你講課，你跟基卓的對比與平衡，也激起我將來要找個搭檔一起帶課程的嚮往。

我喜歡你們的書，每一本都讀了，甚至還自告奮勇地擔任《新生命手冊》的稿件整理者。這本書後來換了出版社，我去向新的出版社爭取，找來我的四位同修，花了兩年時間重新翻譯成《生命花園》。後來這本書在中國改名為《懂得生命》，成為所有接受海文學院洗禮的學員們的必修書。

我本來還想翻譯你們的另一本書《進出自如》，譯了幾篇後，也不知為什麼停了下來。不過其中關於你身為第三代華人移民，在加拿大努力存活的故事，讓我非常感動。我特別喜歡你提到青少年時期必須在家中的雜貨店幫忙的故事，還有那篇短短講述如廁訓練時，小煥祥堅持不肯自己擦屁股的執著。你說：「一直到今天我都記得我堅定的拒絕。『我知道你們的詭計，只要我自己做了一次，我就永遠都得自己做了！』真可悲，我竟然是對的！」

我對你最佩服的地方，在於你認定了就會堅持下去。當年你決定跟比你小十六歲的基卓在同一個大樓分別開診所，並共用一個候診室。因為你的客戶多半是青少年，他的則大多是老人，你們發現一些客戶願意提早來到候診室，互相分享食物或談天，這讓你們決定收起診所，發展團體。每次分享這段過程，我都好感動。如果你們當年沒有下定決心，我也不可能有機緣到你們創立的海文中心去學習、成長，進而取得諮商證書。

我第一次上課回來，收穫很多，其中從你身上直接學到的有兩點，一是在個案工作後，你總是能找到最適合的歌曲送給當事人，我簡直立刻著迷了。回家以後我試著學你，在電台的工作中，每當有聽眾打電話進來談他的故事時，我會盡量挑一首適合的歌曲馬上播出。直到今天我都還以挑一首合適的歌配合談話的主題為樂。」是學到發自內心地對他人回應。常常有人對你說：「煥祥，我愛你！」你極少如一般人回說：「謝謝。」或是「我也愛你。」你說的是：「我真高興你有愛人的能力！」所以我會盡量先覺察自己真實的感受後，才回應他人，哪怕只是簡單的回說：「你好嗎？」

我猜許多人經常說你像是他的爸爸——我好像也這麼對你說過。如今我經常聽學員告訴我說，你好像是我的媽媽甚至是奶奶了。也是在跟你學習的過程中，我學會不以自己對媽媽的觀點，來看待學員的投射或移情，我會先核對在他們的心目中，媽媽或是奶奶意味著什麼，再來做回應。

我感激你經常以自身的經驗來啟發我。嗯，我要改口說，我感激自己在聽到你的故事時，決定被你啟發。前面的說法決定權不在我，所以不是自我負責的。你看，我真是個好學生吧！

在北京參加你們的「東方與西方相遇」課程時，我們一起吃晚餐。我記得在吃蝦的時候，我一邊說著：「太好吃了，不好意思，我已經吃了三隻。」一邊仍然去夾第四隻。你笑著說：「曉清，這就是帶著羞恥心繼續吃你愛的蝦，而沒有罪惡感。」我們本來就是在談這兩者的不同，經你這麼一說，我就完全明白了。若是帶著罪惡感，我就不會坦然地繼續去夾第四隻蝦了，正因為我有些害羞，卻仍然讓你們知道我就是個愛吃蝦的人，我才會邊說不好意思，邊繼續享受美味的蝦。

我決定完成諮商師證書，第一次去當實習生時，其實有些委屈，我認為那時的導師沒有看見我的努力。在告訴你過程時，你又再次直言，提到你看見我似乎不認為自己是值得他人付出的，還說我總是把他人的需求看得比自己更重要。一語驚醒夢中人，我在實習時的挫折感，似乎就是因為這樣而產生的。

聽說你跟基卓一起去跳蹋踏舞，我十分幸運能在二〇〇四年年底在海文學院的除夕晚會上看到一次，也確實佩服你們善加利用退休後的日子享受生命。

又聽說你得了帕金森症。在我畢業的那天，剛好在畢業典禮前有你、葛茉莉與基卓三人的對談，為的是祝賀你八十歲、葛茉莉九十歲的生日。你的聲音明顯的虛弱，但是神智清明，仍然妙語如珠。我真的沒想到這會是最後一次見到你。

我欣然接受你的孩子們面對你告別式的態度，他們在邀請函上說，是為了祝賀你生命的完成。我希望將來我的家人、朋友也能這樣看待我的死亡。

親愛的煥祥，我敬你、愛你，也感謝你所有的教導。

曉清 二〇一七年五月十四日

06
step

老年危機

陳怡安在《人生七大危機》提到的第六個危機，是老年危機。分為五個段落，在提到退休的定義時，他認為十九世紀前是沒有退休概念的，工業化與制度化才有了退休一詞。古代就有「天行健，君子以自強不息」的說法，老人只是步調不同而已。Retire，不只取其疲累之意而已，更積極的意義是補胎。生命的本然是永不止息的。

接著談到老年期的心態，宣布退休時就會有「我老了，不行了」的心態，沒有戰場了，無用了、什麼也不是了，所以老人的心態跟小孩子很像，容易翻臉。身體功能明顯衰退，行動不便，但老人家常會因心理而引發許多症狀。夕陽無限好，只是近黃昏。忌諱談死亡，常生活在回憶中。

然後談老年人的心理危機，因為無用感而產生的過度敏感與疑心病，有時攻擊性、防衛心與自我保護一起產生。自憐自哀矛盾無助。需要依賴卻又不想依賴他人的矛盾，深度地感到寂寞與心痛。

老年危機處理的方式，為人子女者一定要注意回應老人時，在態度上要提供足夠的安全感，特別是在經濟上，同時精神生活上最好可以有宗教、藝術、社交生活；心智上不斷成長；多與兒孫輩交往；多做短期旅遊。對死亡包括財產、遺囑等，做積極處理。

最後一段的標題是「人間愛晚晴」。有些老人心理狀況的危機不容易處理。智慧是最好的財富，若能不斷地給自己補充知識，參考一些智者的傳記，老年生活絕對可以過得很有智慧。

我問自己，希望在意的人在我死後會記得我什麼？
於是，我在二〇〇〇年給自己留下了這樣的墓誌銘：
「這個人曾真真實實地活過，愛過，付出過也接受過。」
在經歷癌症的洗禮後，我重新寫了自己的墓誌銘：
「這個人與沖沖地過了一輩子！」
現在，非常確定的是，
我不需要有墓碑，我死了火化後要樹葬，
希望我在意的親友看到與記得，
我曾興致勃勃地過了這一世！

第七幕　迎接死亡

第一次面對家人的死亡——外公的去世

第一次面對家人的死亡，是在我十六歲時，外公去世了，享年六十三歲。

對於外公充滿了快樂的記憶，我從小跟著他唱崑曲，他吹著笛子，帶著我到處去炫耀。還曾經到民本廣播電台上過節目。

我孩童時期的另一個快樂回憶是，一堆孩子圍在他身邊，聽他像說書似地講故事。從小就聽評彈的外公，好會講故事。一部《唐伯虎點秋香》，他可以細細地說上好幾個晚上，唱做俱佳。

外公的廚藝也是一流的。我父母都出外工作，廚房交給外公、外婆輪流負責。在有限的預算下，按照蘇州人的習慣，除了三餐外，下午跟睡前還各有一頓點心和宵夜呢！因為愛吃，外公總是能挖空心思地變化各種食材，弄出美食來。

外公去世前，腸胃已經很不好，不宜亂吃。但剛好在端午節前，我們包了各式各樣的粽子，他毫不節制地大吃，又未能及時就醫，才因胃出血而過世。

我未能參與外公後事的處理，母親親自操辦了這場簡單溫馨的儀式，透過這個過程，我也更了解我的母親。

外公與外婆之間真是愛恨情仇說不清楚，在我們這些小外孫看來，有時候好像小孩子在扮家家酒，有時互相競爭，在輪流掌廚時比賽誰煮的飯菜更好吃；吵起架來更是經典，外婆的怨恨極深，想來她年輕時一定沒少過被外公嫌棄。爭吵多由外婆挑起，起初外公還會奮起應戰，結果外婆攻勢一波又一波，外公後來學著打坐，不理會外婆的挑戰。

遇到這樣的情況，外婆有時更來勁，唱獨角戲也是興沖沖的，同樣的台詞重複多少次也沒關係。有時候她會覺得沒有對手，實在無趣，也就草草收場。

在外公的告別式上，我非常不明白外婆為什麼要哭天喊地的，在外公還活著的時候，她可是沒事兒就詛咒他的呢！

外婆的個子矮，長得也不是美女型，憑著媒妁之言嫁到外公家，偏偏連生兩個兒子都沒有活下來。就在第二胎孩子去世不久，他們收養了一個女孩，我的姨媽。接著我的母親出生到這個家庭，她的小名叫弟弟，從小做男孩打扮。直到念中學要加入女童軍時，才恢復了女兒身。

外公後來在上海娶了小老婆，並且連續生下兩個兒子。對外公來說，這兩個兒子替他傳宗接代，他要給孩子的媽媽一個名分，就說服了家族中的長輩，讓第二個太太也成為大老婆，就是所謂的「兩頭大」。但外婆可沒那麼容易妥協，找來她的家族長輩竭力阻止。

我的父母在十九歲結婚，二十歲生我，在我未滿一歲時，就帶著外婆一家四口移民來台灣。過了兩年，外公想念我們，從上海來台北探望我們，誰知就此回不去了，他再也沒有見到那兩個寶貝兒子！

爸媽的結婚照。

外婆的恐懼

我是外婆帶大的。媽媽是她唯一的親生女兒，所以當爸爸的工作有機會來台灣展開全新的生活時，外婆肯定會跟著一起來。我經常聽到外婆說，我的媽媽是她唯一的依靠。

外婆肯定是愛我們的，對我們的照顧無微不至。但小時候我一直搞不懂，為什麼在我眼中如此英俊、瀟灑、溫柔、充滿愛意的父親，在她的眼中卻會一無是處？當爸媽在家的時候，外婆總是安安靜靜的；等他們出門上班，老太太就開始用她唯一的語言蘇州話，絮絮叨叨地訴說我父親的不是。

我的童年記憶中，偶爾也會有外婆跟媽媽或爸爸正面衝突的畫面，隨著年齡的增長，他們彼此也找到相互配合的方式，在孩子們面前盡量避免衝突。不過我清楚他們並非真正的彼此接納，而是不得已地選擇了認命！

外婆從小沒有上過學，當然不識字，可是她很在意我們的功課。後來因為在鄰居的帶領之下，她進了教堂。為了讀《聖經》，她非常努力地學習認字。她戴著老花眼鏡讀《聖經》的模樣，真的很動人。

偶爾遇到不認得的字，她會來問我，我有時想知道她是否真的能讀懂？發現她有時候了解，有時候就呼嚨過去了。

我在二十二歲結婚，外婆開心到不行。外孫女婿回來吃飯，她總是做一桌子的拿手菜。我的孩子出生，她更是高高興興地接受孩子們尊稱她老太太！她的身體一直還算硬朗，但過了八十歲之後，就一直走

我是外婆帶大的，她對我們的照顧無微不至。

下坡了。

我在小虎出生後，工作方式改變了，每天要朝九晚五打卡上班，回娘家的時間也比較少了。

有一次，我回去時只有外婆一個人在家，那時我們還不懂得老人會有阿茲海默症狀，外婆有時會把我誤認為是別人，跟我說些我也弄不明白的事情。但那天她認出我，拉著我說她好害怕。我問她在怕什麼呢？她的眼睛有些淚水，說不出具體的內容，我告訴她孩子們在家等我回去做晚餐，我得走了。我知道幫忙照顧她的許太太只是臨時出門一會兒，馬上就會回來。但外婆拉著我不放我走的模樣，像個無助的小孩一樣，使我不忍心馬上離去。我多留了一會兒，在確定許太太五分鐘內就會到家，我還是決定走了。我告訴她許太太馬上就到家，我記得她說的最後一句話是：「我一個人會怕的呀！」

沒有能多留下五分鐘，等許太太到了再走，讓我至今依然懊惱。沒多久，外婆就過世了，那是我最後一次見到她。外婆是我在台灣的長輩中，最長壽的一位了。外婆享年八十三歲，她的訃聞用粉紅色的。母親說，過了七十歲才去世的人，喪事都會當成喜事來辦。

母親的私語

我媽媽是家中的火車頭，家裡任何事，她說了算！

聽說她還是孩子時，就得過淋巴方面的疾病。據說發炎的情形很嚴重，而且一直蔓延，似乎一個淋巴結快要好了，另外一個淋巴又開始感染了。媽媽說上藥時是把紗布塞進傷口，換藥時得把紗布抽出，再塞進新紗布，過程極為辛苦。當時外公、外婆以為這唯一的親生女兒也會保不住了！

但她竟然戰勝了病魔，只在靠近胳肢窩處，留下一大塊疤痕。媽媽常說後來活著的日子都是賺到的。

可能是這個原因，媽媽在五十歲那年乳房開始有狀況時，沒有馬上去看醫生，後來確定是乳癌時，她連續開了兩次刀，切除了一邊的乳房。不過，在父親的堅持下，所有人都必須一起隱瞞乳癌的事實，而說她只是纖維囊腫。父親堅持不說實話的理由，是他認為太了解媽媽了，說實話會讓她擔心害怕。

開了兩次刀之後，媽媽還做了一段時間的鈷六十放射線治療。那段期間，她的好朋友們輪流陪她去醫院治療，她仍然興致高昂地打麻將，拷貝她喜歡的老歌與好朋友們分享。

在媽媽治療期間，我弟弟的第一次婚姻遇到了困難，他把兩個孩子都帶回來，一歲多的女兒交給女方的外婆帶，四個月大的兒子起初住在我娘家。我的腦海中還留下一個深刻的印象，媽媽抱著小娃娃，默默地流淚，她很難過地告訴我，沒有能力幫忙照顧這個孫子，雖然已經找到一個全託的保母，週末假日也可以帶回家來，但是我媽媽還是很捨不得。我可以體會她的感傷，但又一次，我感覺到無助。

快要到五年存活期的前幾個月，我在跟媽媽講電話時，發現她一直在喘氣，就提醒她是不是該去看醫生。結果是她的癌細胞轉移到肺部了，而且有一顆腫瘤就在血管邊上，無法動手術切除。

媽媽最後的住院期間，有一天只有我一個人在，她像是在交代後事似地跟我說了好多話。首先說她對自己這一生非常滿意，三個孩子各自有歸宿，唯一放心不下的是爸爸，他們倆是彼此的初戀，一輩子在一起，他還太年輕了。因為承諾過父親不對媽媽說實話，我那時候只能聽著，完全不知該怎麼回應她。

後來癌細胞擴散到腦，媽媽先經歷了右手不聽使喚，接著住進了醫院，不久陷入昏迷，在一九八一年十月一日去世，享年五十五歲。

父親去世時，我缺席了

母親過世後，我好擔心父親要怎麼過日子。我曾和他討論，希望他搬來跟我們一起住，我知道他不想依賴我們，因此還打算把頂樓加蓋變成他的獨立空間，這樣一來，他就可以選擇何時要跟我們一起，何時想要獨處。

但他說什麼都不願意，他就是不想麻煩我們。他決定一個人住在老家，一直以來幫忙照顧我們一家人的許太太，仍然每天去做晚餐給他吃。

父親喜歡旅遊，常跟朋友參團出去旅行，平日每天去上班。聽起來他好像可以正常過日子了。

我也告訴他媽媽在醫院說的那些話，我鼓勵他過一陣子不妨找找看有沒有合適的對象，甚至談到他這個年紀還是要適度的有性生活。但爸爸說，他不想要另外一個女人總是活在媽媽的陰影之下，這樣對雙方都不好。

後來父親把我弟弟的兩個孩子都接回家，說是要享受祖孫之樂。沒多久他就發現辛苦比樂趣多，常常會向我吐苦水。我跟弟弟研究之後，弟弟決定把女兒帶回自己身邊，把兒子留下來陪父親。

爸爸發現癌症時是六十二歲那年，他一直久咳不癒，第一家醫院診斷是肺炎，住院幾天不再發燒，配些藥物要他定時服用，就放他回家了。但他還是咳個不停，我建議應該去另一家醫院看看。這家醫院的醫生在看過肺部X光片後，面色凝重地說，他強烈懷疑是肺癌，希望馬上住院做進一步檢查。辦好住院的手續，爸爸對我說，他很後悔當年隱瞞媽媽生病的事實，因此希望我們絕對不要隱瞞，他要知道所有的真相。

經過檢查，確認爸爸的癌症在肺部已經是轉移了，他的原發處是甲狀腺，醫生提議動手術切除甲狀腺，爸爸沒有跟我們討論，他自己決定接受這個手術。

我馬上打電話給在美國的妹妹，我評估自己沒有能力單獨面對爸爸得癌症的事實，我請求妹妹是否可以請假回台灣，然後一起跟爸爸討論他生病的事情。爸爸看到妹妹回來，就清楚知道他的病情很嚴重，在跟我們兩個人的談話過程中，爸爸像是清楚交代後事一般，處理他的財產，交代葬禮要越簡單越好，同時還說，這個生病的身體，越早火化越好。

我在一九八八到一九九〇年間跟全美學聯結緣，帶團去美國巡迴演唱，連續做了好幾年。從最初連機票都是我們自己買的，到後來每個人有一些小小的零用錢，我們這個民風樂府組成的團隊，也算做出了小小的成績。

我們多半是在前一年秋天規劃次年春天的行程。位在紐約的全美學聯，會先跟會員——也就是各地的大學聯絡，有意者彼此協調時間，通過多次協調後，確定行程。幾年來，我們每年最少去八個城市，最多的紀錄是巡演十四個城市。

一九九〇年春天的民風樂府美國巡迴演唱會，就是演出了十四場。

那時我的弟弟妹妹都從國外回來，他們讓我安心地帶團出國，特別是我妹妹說，三個孩子中，我和父母的緣分最深，因為留在台北，只要一通電話就可以馬上出現在父母身邊；但多年來他們一個在美國，一個在加拿大，這時候換他們留在爸爸身邊陪伴。

出發前我詢問醫生關於爸爸的病情，他說狀況還好，我出去三個星期是可以的，我是帶著忐忑的心情走的。

最後一次跟爸爸一起吃晚餐，是在他住院期間的某個晚上，我幫他向病房請了假，到天母一家很有風格的小西餐廳吃飯。我們很高興地吃著美食，我告訴他我出國前妹妹會回來，不久之後弟弟也會回來。我感謝他一直用開放和尊重的態度教育我，讓我很有自信地面對自己的生命。

我跟爸爸從小就親，他總是在送我上床幫我蓋好被子後，跟我香香臉——親親我的臉頰，我們見面時總是要擁抱的，那天也不例外。我真沒想到，這會是最後一次抱他。

爸爸病房掛上病危通知時，我在美國的巡迴演唱正好過了一半。在長途電話中，我跟先生和妹妹討論是否要中斷行程趕回台北。

由於那一年的演出是以六四一週年為主題，美國方面的全美學聯雖然希望我能留下完成所有的行程，但也表達了會尊重我的決定。在跟家人討論後，我決定如期完成任務再回去。因為我回顧自己的生命，想起爸爸是多麼的以我為傲，看到我在舞台上呈現隱健的台風，得到讚賞時，他眼中那閃耀的光芒。這些年來，我幾乎一直是在爸爸欣賞與激勵的眼光中，得到鼓勵，繼續向前。我相信爸爸會希望我完成當時的任務。

我感激弟妹們同意爸爸的告別式等我回去再舉行，唯一略感遺憾的是未能用言語親自向爸爸說出：我是多麼的愛你！

整理遺物

我親手整理了三位長輩的遺物，在外婆的一大堆東西當中，我只留下了一塊陰丹士林布，其他的幾乎都打包丟掉了。之所以由我來處理外婆的遺物，是因為那時媽媽的身體已經很不好，外婆去世差不多一年左右，媽媽也去世了。

媽媽的遺物是由我跟爸爸一起整理的，所以我並沒有做太多的決定，多半是爸爸說要留就留，要丟就丟。

等到爸爸過世，我整理他的遺物，不禁感慨萬千。有形的物件其實都是身外之物，很容易決定去留。反而是一些非常珍貴的紀錄，比如照片、錄音帶，處理起來真是不容易。後來，我盡量把這些東西分成三份，我自己留下一份，另外兩份分別給弟弟和妹妹保留。

有過整理遺物的經驗，在很多年前，我就把實體照片好好整理了一遍，同樣的分成三份，一份我自己保留，另兩份交給小球與小虎。

在自己得了癌症以後，更是決心要處理自己的所有東西。做完化療回家，略有精神，就邀請我的學生到家裡來幫我整理東西。大刀闊斧地該捐就捐，該丟就丟。支持我這麼做的一個想法，就是與其等我死了要由其他人來整理遺物，不如生前我自己就來整理清楚。

資產負債表與墓誌銘

在陳怡安老師二〇〇〇年帶領的一次「溝通與成長」課程中，老師要我們整理這一生當中的重要事蹟，做出一張自己的資產負債表，還要為自己寫下墓誌銘。在這個過程中，我認真地思考了這兩個問題。

那時我的資產負債表，如下圖所示。

至於我的墓誌銘，我問自己，我希望我在意的人在我死後會記得我什麼？

最初浮現的想法是，我一直

資產負債表

資產	負債
◎ 家人的支持與愛——all the way	◎ 大而化之，粗心大意
◎ 父母的開放式教育、信任、尊重	◎ 對事情太嚴肅，沒有幽默感
◎ 容易與人相處，合作	◎ 過分功能化，太要求達到目的，忘掉享受過程
◎ 享受學習的樂趣	◎ 不太能真正的信任他人
◎ 謙虛——每次做萬全的準備	◎ 常常事必躬親，所以累得要死
◎ 堅持理想，有所不為	◎ 不容易接納負面情緒
◎ 實際——在編織夢想與實踐過程中，知道要負什麼責任	◎ 掌控慾強，期待高
◎ 自我覺察與反省的能力	◎ 太在乎他人的看法
◎ 感恩——對所擁有的以及有機會服務	
◎ 聰明	
◎ 能力強——分析、行動	

是好人，非常努力地做好每一件事，扮演好每一個角色。

但如果我的墓碑上刻著：「這裡躺著一個好人！」我突然覺得好無趣，同時也感到好悲哀！

回憶起自己多年以來，非常努力地探索成長，我真的已經不只是一個好人了，因此我在二〇〇〇年那次的課堂上，給自己留下了這樣的墓誌銘：

這個人曾真真實實地活過，愛過，付出過也接受過。

在經歷癌症的洗禮後，我看到自己即使在治療期間，仍然能興致勃勃地過日子，於是又重新寫了自己的墓誌銘：

這個人興沖沖地過了一輩子！

現在，非常確定的是，我不需要有

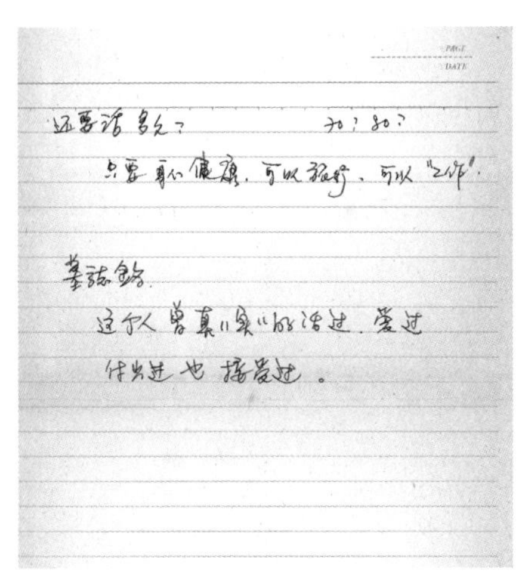

还要活多久？ 70？80？

只要身心健康，可以旅行，可以"工作"。

墓誌銘

这个人曾真真实实的活过，爱过

付出过 也 接受过。

二〇〇〇年給自己留下的墓誌銘手稿。

墓碑，我死了火化後要樹葬，希望我在意的親友看到與記得，我曾興致勃勃地過了這一世！

探索死亡的議題

我們的文化中不時興談論死亡議題，但是確實需要這樣的教育。我的經驗是越能正常談論死亡，越能引發學員正視這個議題，也能坦然面對人人終將面臨一死的事實。

我通常會引導學員做一個經歷自己葬禮的冥想，想像在告別式上，大家是怎麼紀念與談論自己的，哪些是自己在意的，哪些又是自己會完全不屑一顧的。

在這個經驗之後，學員們多數會對自己日後的生命有更多的體悟，許多人會修正目前的生活方式，找到真正重要的關注點。

感謝——生命有你

寫給陳怡安的信

親愛的陳老師：

心中有話要對你說。

非常想念你。回想多年來跟著你的學習，經常得到你的提攜與敲叩。很長一段時間，我能成為你的助教群之一，十分的感恩。後來因為一些原因，不能再成為你的「敏訓」課程的團隊，我當時覺得很失落，但我還是要真誠地感謝這許多年來，每一次在敏訓的教室中，我都有著極大的感動與學習。

從最初的急於表現，希望得到老師的認可，到後來自己覺得自在而真誠的回應，我非常感激老師給我的機會。

我也真實而深刻的體會到，做什麼（doing）不重要，是個怎麼樣的人（being）才重要。

我跟海文學院的老師、同學聯繫，經過跟那裡的教務長詳談後，確定了我回去補修需要的學分，從實習生開始受訓，撰寫好幾篇論文後，在二〇一〇年從那裡取得諮商畢業證書。

我重新整理我跟所有人的關係。在一次耳鳴狀態中，從抱怨自己的耳鳴一直不好，而開始感激我唯一的耳朵。

那時在耳邊出現了所有我愛的人與愛我的人的聲音，我清清楚楚地用心靈的耳朵聽見，孩子們叫我「媽媽」、我的先生叫我「Dear」，工作夥伴叫我「陶姐」，我的外國友人叫我「Cora」，爸爸媽媽叫我「阿明」，還有你叫我「曉清」時的聲音。

我好開心你可以成為我的老師，在許多次的課堂上，聽著你講課、回應，帶著我們一次又一次閱讀中國古典文學、讀西洋哲學，討論宗教，聽見你對人文教育發下的宏願，我當時就希望能跟著你一起工作，常跟你說就盡量用我吧！

你在進入二十一世紀時曾舉辦過一個叫做「21—21」的團體，帶著我們每一季聚會一次，共同研讀馬丁．布伯的書《我與您》（*I and Thou*）。我記得找到兩本中譯本，你卻要我們讀英文翻譯本（原文是德文），大家都沒讀通這本書。

後來你大概是對我們這些學生太失望了，終於決定第二年起改變方式，不再逼我們讀難度那麼高的書了。那時候我們就知道，我們之中不可能有人像你這樣博學多聞的。

我是在後來因為需要寫論文，去圖書館查資料，上網看他人的論文，才化繁為簡大致明白了馬丁．布伯的一些理論。之後談到I and Thou時，我把thou用「你」而非「您」，是因為用您的時候，是非常尊敬的，當我非常尊敬一個人，我常常就物化了這個人。

就像我對你的情感，絕大多數時候是尊敬「您」為一位老師的，但最舒服是可以平起平坐像朋友一般時，這也是為什麼我寫這封信給你，沒有用「您」而一直用了「你」！

我最喜歡跟你一起去旅行。那年跟著你去馬來西亞當你的小跟班兼攝影，為宣傳你的講座而安排了電台受訪，你向主持人介紹我，沒想到那位主持人聽見我的名字，就說我是他的偶像還邀我一起受訪。這件事後來只要我在場，老師就一定拿出來說一下。

每次我都覺得很不好意思。其實那次我是剛好有一張亞洲地區的免費機票，再不用就過了時效，你問大家有沒有人要一起去。我評估只要花住宿的費用，於是就舉了手。原本說要一起去的同修，後來因故未能成行，所以這次就變成我一個人跟隨著你的腳步到處走。初次認識到你在馬來西亞華人圈的魅力。

我們這個團體曾一起去義大利、中國東北、山東、俄羅斯，還有一次最難忘的中國大陸書院之旅。

我真的好享受那些跟著老師到處玩的日子。每到一處你都會找個適合的地方，討論在旅途中的所見所聞對我們的意義。出門之前有時候還要先做好功課，不過這些都不曾減低我出去玩的興致。

因為曾跟著你一起去幾次旅行的緣故，我家馬先生跟你也挺談得來。所以當我們幾年前在婚姻上發生問題的時候，我堅持一定要去找諮商師談，馬先生則除了你之外不願跟其他人談。

真是感謝你啊，陳老師，我們在跟你的幾次對談中，在你的分析與協助整理下，找到支持彼此繼續走下去的動力。

我得癌症時，你幾度來電關心我的治療狀況，還說要介紹一位氣功治療師給我。我告訴你，下一年度要帶大家讀你的《人生七大危機》時，想來你是開心的，我問你手邊是否還有這本書，你說早已斷版；我又問你何時可能再版，你說書中的案例太過陳舊，若要再版需要新的案例。我自告奮勇地說，可以請參加我讀書會的學員提供最新的案例，給你寫新書用。

你曾答應要跟我讀書會的學員們找一天來見面聚聚的，不料你卻永遠的失約了。

感激跟著你學習到的種種，其中我最記得的是以對方為中心的態度。我喜歡用你教的「讀書結構法」，精讀自己在意的書籍，並留下讀書心得，也一直使用你教的「意識會談法」帶電影會談，持續著帶著好奇心聽群眾在哪裡，聽大家是否能共識。也因為這個機緣，我決心把我的所學做一個統整，寫出了這本書。

我用這個方式紀念你，也紀念跟你一起在另一個世界的王行、瓊安與煥祥。謝謝你，陳老師！

愛你的曉清二〇一七年七月十八日

07 *step*

死亡危機

陳怡安在《人生七大危機》提到的第七個危機，是死亡危機。分為八個段落。先從死亡的意義說起，人類因為有死亡，才知道生命的可貴；宇宙的公平就在每個人都會面對死亡；人都是空的這個死亡的真諦，產生了生命的意義；死亡意味著生命的完成，也認知到凡夫俗子的凡性與限制性；死亡使人有生的計畫，活得有意義。

人步向死亡的心理過程，是從恐懼、逃避到交易，然後是接受，最後是肯定。這五個步驟也可以運用在其他重大事件上。

至於臨終者家屬的心理危機，包含心理、經濟、社會、倫理方面的不安、焦慮與恐懼；因罪惡感而生的補償作用；緊張、氣憤、壓抑、擔憂；因生活秩序的失控而引發的危機，比如無法好好照顧孩子，以及因失去原先軌道而產生的危機。

對於喪家心理，則會有深度的悲傷、氣憤、罪惡感，最好能提醒家屬，跟醫生保持事實性的聯繫，面對一切現實，並縮短時間，及早做好各種安排，如儀式的選擇；並找一位具有權威的長者在遇有爭議時可以做裁決。

對家屬最好要無條件的支持，讓他們感到沒有被天下人遺棄，傾聽但不給意見，但要做出回應，必要時給予客觀的協助，顧及對方的尊嚴。

死亡是生命的再出發，死亡有洗滌的作用，如果處理的好，就等於處理祝福，就能了解死亡背後深層的意義性。

最後是談在生命中遇到如失業、離婚、失財、失身、感情的分裂等狀況時，如何運用面對死亡危機時的態度去處理。

我現在常常提醒自己用平光鏡看這世界，
我也可以隨時根據情境倫理來調整自己的觀點並做出選擇，
我還可以在觀照他人也不拋棄自我的情形下
繼續我的生命旅程。
同時是老師也是學生，不斷的學習、分享、創作，
生活更充實，生命更圓潤。

第八幕 人生歌未央

癌症之旅及未來的旅程

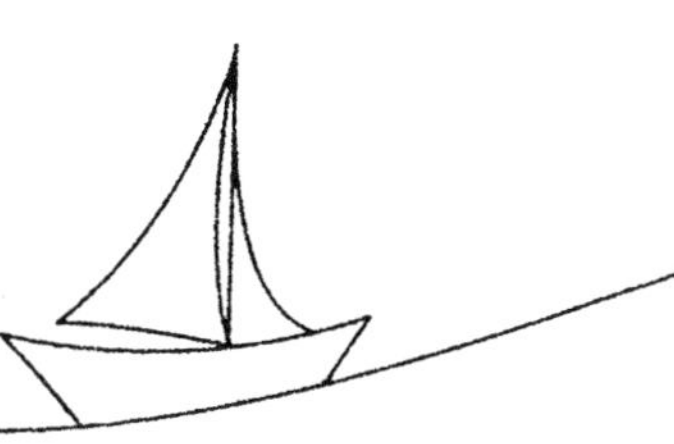

罹患癌症

我跟姚黛瑋合作設計的「遠離抑鬱工作坊」，是我們在深圳共同帶領的第一個課程，日期就在二〇一三年六月七日到九日。前一天晚上，我們跟助理一起吃飯、開會。結束會議回到房間大約是九點左右。渾身是汗的我只想快點洗澡，淋浴時我純粹只是因為胸罩下方汗特別多，所以多抹些肥皂，在左邊乳房下方摸到一個硬幣大小的突起物，確認後心頭湧起千萬個思緒。

我是乳癌的高風險群，母親在五十五歲那年因乳癌轉移而過世，妹妹在十九年前乳癌確診，不過她的治療很成功，我們剛好在那年五月去歐洲旅行。所以我沒有怨天尤人，那時就有個很強烈的意識是：輪到我了！

二〇〇四年年底，在加拿大海文學院，也是在洗澡時摸到一個胸口的硬塊，以為自己得了乳癌，真是個不小的驚嚇！因為課程時間較長，沒辦法立即就醫檢查，只能在情緒起起伏伏之下，天天寫下心中所想。

有一天早上，我在老師的帶領下跟大家一起呼吸、冥想。回顧自己的生命，一時充滿了感激之情，因而熱淚盈眶，我這一生真是太幸福了。

從小到大未曾受寒捱餓，在家人的支持與愛護下成長，學業成績雖然平平，但在競爭激烈的升學考試中仍然能進入自己想讀的科系。在校生活多姿多彩，後來還爭取到獎學金。還沒有畢業就已經開始工作，得到許多人的教導和陪伴，我在電台一直主持節目，小有名氣。談過幾次戀愛，二十二歲結婚，二十五歲生長子，二十八歲生次子。孩子成長過程雖然有一些波折，但他們目前都過著自己想要的生活。夫婦之間也是起起伏伏，但終究還是白頭到老。退休後仍然不斷在進修，還有機會做些助人的工作。

只有一隻耳朵能聽見聲音的我，最害怕萬一聽不到了日子要怎麼過。前幾年有時候會耳鳴，完全不知道因何而起，也在一段日子後莫名其妙就好了。有一次，我跟妹妹在美國旅行，她剛好扭傷了腳，而我又患了耳鳴，所以一路上我常常會問：「啊，你說什麼？」她常常叫我：「走慢一點！」我們倆就互相嘲笑

我和馬先生算得上是白頭到老了。

說：「真是一對老太太出門旅行的寫照啊！」

我那次深受耳鳴之苦，每天早上起床發現它還在，就開始抱怨。有一天我告訴自己，或許要換一個角度來看待我的耳朵。與其不停地抱怨，不如來看看我的耳朵對我來說有多重要。

仔細思索以後，我竟然對這唯一的耳朵感恩起來。我的耳朵非常靈敏，需要用到它的時候，它都是如此盡心盡力。

我不是絕對音感，但相對音感已是很棒的禮物了。年輕時參加合唱團，我常常是唱女聲的第二部，女中音。有位同學每次都要站在我的旁邊，她說跟著我唱，她才不會被拉走。

做廣播音樂節目也需要敏銳的耳朵，然而一路以來，除了帶耳機時只能聽到一邊的聲音，無法享受身歷聲之外，我從來沒有因為只有一隻耳朵而有任何困擾。唯一的小小困擾，就是偶爾會有方向感不那麼靈敏的時候。

就在轉念感謝我的耳朵時，突然間耳邊響起所有我愛的家人、朋友、師長、學生叫著我的名字時的各種聲音。我流著淚靜靜地享受著那滿溢著幸福的片刻，用心靈的耳朵傾聽不同的人對我的不同稱呼。

說也奇怪，第二天早上醒來時，耳鳴痊癒了！這次的經驗實在是太迷人了，我開始對生命有了另外的看法，深刻相信奇蹟是會發生的。從此我經常在檢視自己生命時充滿感恩的心。

所以當我在深圳擔心是不是有癌症的時候，那一幕聽到大家充滿愛心叫著我名字的畫面，出現在我的眼前時，我就一點都不害怕死亡了，我認為我已經充分地活過了。

不過回歸現實，我還是要規劃回台北後要去哪裡看醫生。我回想上一次是在哪裡照乳房攝影，並立即上網在那家醫院找到乳房外科，掛了我回家後第二天的門診。

那位女醫生在觸診後告訴我，最好盡快地做粗針穿刺，確認到底是不是惡性腫瘤。我很快就安排了這個小手術，並且在複診時，帶著忐忑的心從醫生那裡得到了壞消息，這個醫生見到我就說：「你要去辦重大傷病卡了！」

那天在回家的路上，思緒紛亂，心愛的家人都在第一時間知道了。之後我給好朋友、也曾經是乳癌患者的楊嘉打了電話。跟她講完電話，壓力真的卸下了一些。回家後，我也給在美國的妹妹打了電話，從她那裡得到更多的資訊。有人能分享真好！

接下來就是一連串的治療！

開刀

首先是開刀。我對確診我罹患癌症的那位女醫生有一點批判，認為她不夠溫暖，在楊嘉的介紹下，選擇了她當年的醫生，他是一家小醫院的老醫生，所以我可以選擇自己要開刀的時間。

我在六月二十五日住院，那天我在日記中留下了一份遺囑。

今天要去住院了，醒來時才不到五點，躺在床上就睡不著了。想到自己曾經在小時候因為要去參加校外旅行，而寫過遺書。明天的手術萬一失敗，自己的生命也就到此結束了。擔心難免，但並不害怕，有時候也會懷疑人死之後會成為什麼？又會到哪裡去？但這都是無法預知的事，多思無益。

雖然醫生說這只是個小刀，不能算重大手術，但所有的檢驗都要經過，跟任何手術一樣都會承擔風險。所以我還是寫下來以防萬一。

我想對親愛的孩子們說，我愛你們，能成為你們的媽媽，我充分享受著看你們成長、分享生命過程的喜悅。在你們有困難的時候，我都在旁邊看著，也很開心當我有問題的時候，你們都願意敞開心跟我談。

除了名下的一棟房子，我沒任何遺產留給你們，只希望你們好好活出自己，以後也要定期做健康檢查，因為我的家族有癌症病史，所以你們也屬於高危險群。

如果真的有什麼意外，我就此死去，真的也沒啥遺憾了。我已經活得比我的父母都年長了。

我願意捐贈器官，火化後把骨灰埋在樹下。

我在六月二十六日動手術，六月二十九日中午順利出院回家。並取得了病理報告。壞消息是我的癌細胞是屬於三陰性，是一種比較凶的癌細胞，復發率比其他的高出七個百分點。好消息是我的腫瘤只有一點二公分，屬於第一期，由於腫瘤是在左邊乳房下方六點鐘方向，不必切除整個乳房。可是因為已經超過一公分，所以醫生建議我要做化療以及放療。

聽見要做化療，我渾身不舒服，那分擔心與害怕的抗拒之心，還真是平生未曾有過的經驗。害怕會嘔吐，會掉頭髮，會有一天骨瘦如柴、渾身無力地躺在床上等死……那幾天是我在整個生病的過程中最感到恐懼的時候。

二〇一三年七月五日，我在日記中這樣記著：

理智上知道，資訊越清楚對自己越有幫助，但身體的反應卻不是如此，一直有噁心的感覺，還在上廁所時準備臉盆，怕萬一會吐。那時還想尚未進行化療就要吐了，怎麼辦？後來發現是睡褲的鬆緊帶太緊，換了一條才去睡。

身體全身的肌肉是在很不舒服的緊繃狀態，肩頸與手臂一直都很難受，無法專心看電視劇，也無法專心看書，真的有那種心神不寧感，是緊張、是害怕、是手足無措，是對自己目前生命狀態的無可奈何。身邊確實有不少人在陪伴，但這場戰爭是要由我自己去打的，不論怎麼決定，都一定會有某些結果要由我來承擔它。

後來，讀到《少年Pi的奇幻漂流》（中譯本由皇冠文化出版）關於恐懼的那一段，在第一百九十頁，跟我當時的心情十分貼切：

恐懼真的是人生真正的對手，只有恐懼能夠擊敗生命。……恐懼沒有任何道德規範，不尊重什麼法律條約，不懂什麼悲憫同情。專挑你的弱點下手，而且總是一眼就認出你的弱點所在。

……緊接著恐懼就占據了你整個身體，其實你的身體也早已知道嚴重的不對勁。……你的耳朵變聾，你的肌肉像罹患了腹瀉似的發抖，你的膝蓋跳舞似的抖個不停。你的心臟繃得太緊，括約肌又太鬆弛，你身體的其他部分也一樣。

……所以你必須設法把它表達出來，你必須盡一切力量把光明照耀到它身上，因為不然的話，你的恐懼就會變成你想逃避，甚至想遺忘的無言黑暗。

讀這本書還有個有趣的發現，他是自己去嘗試信仰各種宗教，我不是任何宗教的信徒，但是有多少親人、朋友在知道我生病後，向上帝、菩薩、阿拉祈求保佑我，為我祈福。對此我一直充滿感激，也感到如此幸運。

多年來一直能幫助我緩解情緒的花精，是我所佩服的崔玖教授的功德，我一直在她那裡看診。七月十三日我到圓山診所測了花精，十分準確地測出我那時的恐懼。那天測出我需要五種花精，它們的花語對我很有幫助，我把它們記在小卡片上，隨身攜帶，每當感到害怕無助時，就拿出來讀一下。其中最打動我的是這一句：「我樂於從我的生命功課中學習，我以開放的心情，面對新的潛能與機會，我覺醒到，生命是我的良師，我找尋智慧，當作是我的禮物。」

挑選血液腫瘤科醫生

我在七月五日去見了我的外科醫生介紹的血液腫瘤科醫師，也是一位老醫生。醫生說要給我使用的化療藥物，是第一代化療的小黃梅。當時我就有點猶豫了，懷疑他為什麼不給我用最新的藥物呢？

那段日子我經常打電話去煩妹妹，憂慮與煩躁常是我打電話給她時的心境，但是講完電話心就定下來了。她告訴我未來的追蹤檢查都是跟著血液腫瘤科的醫生，一定要去找第二個醫生詢問。有一位朋友認識某大醫院的院長，說絕對會組一個最好的醫療團隊來照顧我，於是去這家大醫院掛了七月九日的號。後來我沒有到這家醫院做化療，因為醫生雖然很和氣，但是他一個上午的門診要看好多病人，能夠分給每個病人的時間很少，他幾乎沒有時間吃中飯，很可能要到三、四點才能看完上午預約的病人。我對他也有了批判，像這樣連自己都不能好好照顧的醫生，有可能真的好好來照顧我嗎？

那天回家的時候是有些沮喪的，還真有一些不知道怎麼辦才好的心情。我又跟妹妹打了電話，她說既然已經找了第二個，就不要怕麻煩，再去找第三個試試看吧。

我真的去找了第三個醫生，這位馬偕醫院血液腫瘤科的醫生，跟我非常投緣，在看了我的病歷、聽了我的陳述之後說：「你發現腫瘤決定開刀，到現在還不到兩個月耶，真的很不容易！」聽見他這樣說，我馬上流下眼淚！

發現自己罹患癌症以來，我第一次能夠放鬆地在醫生面前哭出來。他看到我了，我被接到了！那時我真的很放鬆，感覺有點像是找到意中人似的，就是他了！我認為他非常有同理心，非常的溫暖。

更棒的事是，我一直擔心在治療期間，我那不太會照顧人的老伴，要怎麼面對我的治療。醫生告訴我第一輪的小紅莓化療，可以在淡水院區住院做，他的團隊會好好照顧我。我們都因此而覺得安心。

進行小紅莓化療

七月二十三日的日記：

早上醫院來電說今天有病房了，就從今天開始住院，先照心臟的超音波，明天做人工血管，加入正子攝影，然後再做化療。

姚黛瑋兩點走的，周易、士瑋四點走的。我請周易給我做了溫暖的肩背按摩，好舒服。

自己一個人的時候聽著Boogie做的脈輪音樂，特別是在心輪的時候，我冥想著好多我心愛的朋友家人，給出愛，同時這次用更多的時間去接受他們所給予我的愛與支持，自己都很感動了。

護理師來說明明天的流程，我必須on call，隨時預備去做人工血管的小手術。剛剛也問了球兒，他可以整天在這裡陪我，因為院長要求要有家人在場耶！

第一次住院時先植入人工血管，這雖然是個小手術，但是準備工作都跟其他要進入開刀房的大手術一樣。我知道這個手術大概只要半小時左右，我也問過醫生是否可以全身麻醉，但他不建議那麼做，一向是聽話的孩子的我，當然就乖乖的局部麻醉了。

全然清醒的狀況下，在綠色手術覆蓋布底下，什麼都看不見卻什麼都聽得到的我，整個過程中可能比切除腫瘤時更加緊張。

七月二十五日的日記：

昨天的手術（植入人工血管）比原定的時間長，中間時真的很痛，我忍不住哀哀叫，加了麻醉針。真是一段辛苦的過程，我一度以為自己不知是要昏過去還是會睡著了。給我動手術的年輕醫生很辛苦，他說我的血管較細，所以花了較長的時間。

在恢復室等待了一段時間，又去拍了Ｘ光確認人工血管是ＯＫ的，才送我回房間。今天早上右肩手術的部分不能用力，起先還有些擔心，大約一小時後就可以略為用力，現在也可以寫字了，傷口仍有一些拉扯感，不過最糟糕的狀況已經過去了。

正式的小紅莓化療在七月二十六日開始。

七月二十七日的日記：

晚上八點零三分開始打小紅莓，今日早上六點醒來，上廁所發現尿是紅的，身體的狀況反應有些怪怪的。沒有酒醉過，但有些不能隨心所欲的感覺，身體無法完全站直，除了累一些，眼睛看東西遠處有些花以外，一切似乎還可以。連打將近十二小時的小紅莓之後，又打了一個小時的癌得星，醫生剛好來看我，一邊跟他談天，一邊清楚慢慢地感受到身體變弱了，頭痛，但不是很強烈，打完一下子也就過去了。

整體說來，很難用言語來形容打了化療針以後是怎麼樣的不舒服法，渾身不對勁就是了。

掉頭髮

打第一次化療針後第十天，八月六日開始掉頭髮。接著兩天頭髮可以大把大把地抓下來，我就在八月九日去剃了光頭。我自拍了光頭的照片留念，好多人說我光頭的樣子法相莊嚴！

楊嘉借給我三頂假髮，各有不同的風格。這期間除了用布巾包頭之外，還真的充分的利用了這三頂假髮。

其實不光只是掉頭髮，所有的體毛都掉了，就連眼睫毛也一根不留呢！

化療的副作用除了掉頭髮，還有末梢神經麻木。一直到現在我的雙手偶爾會一不小心就抓不住東西，常會打破碗盤，必須時時注意；雙腳前方的腳底還有一大片的地方是麻木的呢！還有就是口腔黏膜受損，常常嘴巴裡面會有破皮的現象，鼻腔也時常會有小水泡，刺刺癢癢的。想來身體裡面的黏膜也會受損，只是肉眼看不見罷了。照顧過癌友的Amy，帶來效果不錯的麩醯胺酸給我服用。醫生也開給我效果不錯的漱口水。所以在整個化療的過程中，我並沒有受到太大的痛苦。

我最擔心的骨瘦如柴、嘔吐、頭髮掉光，最後只有掉頭髮無法避免，但我也欣然接受，因為頭髮很快就長出來了。最神奇的是，我真的沒有吐過，感謝目前已經有效果非常好的止吐藥了！我不但沒瘦，還胖了好幾公斤，後來明白是因為注射類固醇來止吐，因水腫而導致整個身體變得圓滾滾。

白血球過低

在我第一次打完小紅莓，在八月五日回醫院門診時，抽血發現我的白血球竟然降到只有六百，雖然我一向白血球都低，但這也實在是低得有點誇張。醫生只說這就是一個curve（曲線），但仍開了三天的激素針劑，每天要在同一個時間打針，提升我的白血球。過一個星期再抽血看白血球回升了多少，才能決定是否繼續打第二次的小紅莓。

好在第二個星期白血球升到了三千，我才能如期在八月十九日住院，打第二次的小紅莓。促進白血球的激素讓我非常不舒服。

後來才知道一般普通的止痛藥，就可以避免這一段辛苦。但是我事前沒有先問醫生，也不敢自己隨便亂吃藥。

八月八日的日記上，我是這樣寫的：

昨晚，從晚餐後大約八點左右起，一直到半夜大約三點之間，是我這次生病以來身體最不舒服的體驗，全身疼痛，幾乎無法順暢的呼吸，我都想到如果癌細胞跑到骨頭，會不會就是這樣的痛苦？當然沒有法子好好睡，幸好後來狀況慢慢改善，我才睡了一下。

自拍一張光頭照。

在我兩個階段的化療中，白血球過低的現象出現很多次。因為每次都要連續打三天針，之前我還乖乖地每次到醫院去打，後來詢問護理人員是否可以教我幫自己打針，她們很熱心，我也很勇敢地學會了在自己的肚皮上打針。在我生病的過程中，這是我很引以為傲的一件事情。

第二輪化療：紫杉醇

我的第二輪化療，注射的是太平洋紫杉醇，需要每週去醫院注射，預計十二次。週五下午門診抽血測白血球，一切沒問題的話，就週六上午去打針。一直是按表操課好學生型的我，以為二〇一三年的十月二十六日開始做第一次，按照計畫的話，在二〇一四年的四月份就可以結束化療了。再加上五週的放射線治療，估計二〇一四年春天，我就可以去東京看小虎，還可以賞櫻。

但是世事無常，我的紫杉醇化療可沒那麼順利。每次因為白血球太低而延後一週、兩週，甚至三週，導致我因「未能跟上日程」而十分焦慮。醫生在聽說了我的焦慮後問我，為什麼要趕進度？如果沒趕上日本今年的櫻花季，還有明年啊！這時我真的嘲笑起自己來了，是啊！癌症治療耶，人都從鬼門關繞一圈回來了，治療還要趕進度嗎？

於是我安下心來，確實面對自己的身體狀況，二〇一四年的三月十五日做最後一次的紫杉醇注射，實際經歷的時間是二十二個星期。

十一月二日的日記中記著：

早上在化療室，一個大約還不到十歲的小女孩，在阿媽與父親的陪同下來打針。那父親實在有點吵，似乎一直在開小女孩的玩笑，等到護理士來給她打針時，她突然大哭大鬧起來，從用棉棒給她的人工血管消毒起，她就大叫：「好痛！我不要！」這時阿媽也加入了，一直用不同的話試圖安撫，當然無效，後來阿媽也動了氣，大聲喝止。

好在護理士有些懂得這小女孩的心，一邊對大人說：「你們不要再說了，就讓她哭吧，她還是個孩子！」同時很專業地繼續工作，一下子就完成了，小女孩再哭一陣也就停下來了。

我原本昏昏沉沉的，被吵醒後，忍不住流了幾滴眼淚。心中的感傷是——小小年紀就要承受這份辛苦。

我猜，坐在化療室中的所有大人可能都想著，我也痛啊！我也不要啊！我也想大哭一場啊！

化療室的護理士們，真的很棒，她們每天要面對各式各樣的癌症病人，大家心情都不會好，有時人多到椅子都不夠坐。但她們都好有同理心與耐性。

放療

我的放射線治療是在淡水馬偕做的，正式照射是從三月二十四日開始，不過預備動作從二月十八日就開始了。

做放療前，要先聽諮詢室的詳細解說，然後更衣，雙手上舉躺到溫熱的一種可塑形的物品上，依據我需要照射的部位做一個模子。這個模子就是我之後三十次放療期間都要使用的工具。

第一次躺在放療的床台上，雙手上舉，眼看著照射的機器從頭上壓下來，越來越接近我，心裡突然緊張起來，不知道要用什麼樣的方式來紓解才好。那時突然閃過了

〈寧靜之歌〉，這是韓賢光把心道師父一分鐘寧靜冥想的詞所譜成的歌曲：

深呼吸，深呼吸；合掌，合掌；放鬆，放鬆！寧靜下來，寧靜下來；我們的心回到原點。

這首歌大概唱一遍半，我的照射就結束了，時間不到兩分鐘。後來我一躺下來就在心裡唱這首歌，它幫助我平靜度過了三十次的放射治療。

將近一個半月的時間，每週一到五早上，我都帶著要去上班的心情，去趕搭捷運。路上大約要一個小時。有時候我會用手機來聽音樂，有時候我用備忘錄來寫稿，有時候我純粹就是個觀眾，看著車上形形色色的人，在內心默默幫他們編寫著各種生命的故事。

在那段日子的日記中，我記下了一些心情。

四月九日

今天是放療第十一天，胸口皮膚有點紅紅黑黑的，腋下有點癢，昨天早上咳嗽時有點想吐，但並未真吐。

這兩天心情上上下下的，二月中照的電腦斷層，發現有個在右胸部的陰影，一位醫師說是有問題的淋巴結，另一位醫師說那跟之前的左邊乳癌無關，同時調去年七月的正子攝影出來看，那時並沒有。

三月發現這個狀況後，馬上安排了在四月初照更精密的攝影，這才知道是個水泡（fluid collection），不需要做處理，跟人工血管也沒任何關係。

這才安下心來！

＊＊＊

四月十七日

第十七次，早上刷牙時，一度噁心，好在忍住了沒吐出來。不過自己以後要當心一些了。

心情有點沉重，思索著有關一致性的問題，如果是有意識的決定不一致，是否仍然是一致？

＊＊＊

四月二十二日

這幾天在重聽Sting，特別聽到〈They Danced Alone〉、〈Russians〉的時候，仍然能回到當年剛聽時的感動與震撼。

昨天的白血球是兩千八百，跟上週一樣，醫師看了我照射的部位，說可以塗aloe，我幾個月前就預備好了，昨天塗抹後，感覺還真是很舒服！痛的部分不多，癢的時候多，醫師開的處方皮膚藥很有效！

這幾天也在思索著自己這次生病，重要的學習是什麼？經過這幾個月來在身體上、心理上的考驗，似乎是要我完全放下對親情的妄念。兒子與先生，我都不能依靠。放下後，我是否能夠比從前更自由自在地過自己要的生活呢？

我的餘生，尚未完成的任務又是什麼？那些正在進行中的課程，加上「民歌四十」，都是我已經在做的，還有嗎？會是什麼？

放療到接近尾聲時，副作用也更加明顯了。皮膚真的很不舒服。

五月二日

在腋下發黑的皮膚，真的很不舒服，塗抹醫師處方的皮膚藥後，馬上不痛，藥單上說一天兩次，但我需要一天塗至少四次。

昨天從醫院回家前去淡水的藥局買，店員說這藥缺貨一陣子了，我還真擔心在別的地方也買不到呢！下午在家附近的店買到也就放心了，一支七十元，自己買，不用等待領藥浪費時間。

＊＊＊

五月五日

眉毛長出來了，睫毛也是，同時需要的時間沒有我預期的那麼長，加上好多人都稱讚我的白髮好看，在意形象的我，心情也跟著好！

我的放療在五月六日告一段落。

要感謝的人

治療期間，每當化療後都會有幾天沒啥精神。讀書會的三位成員——菊娥、金蓮與莉玲，提議要徵求讀書會成員，輪流天天來給我送食物。

我認為不妥，但是又確實有需要，經過討論後決定每週一、四，由她們三人輪流來就好。

後來好幾個人抗議說，她們也想要來照顧我，於是我就增加了每星期二、五的下午，可以有人來幫我稍微收拾一下屋子或是倒垃圾，實在非常感謝這些姐妹們。

我盡量維持正常的活動，每月一次在我家的讀書會與電影會談，帶給我好多的激勵。

七月十九日晚上的讀書會，我請大家畫出給我祝福的曼陀羅，後來大家圍成圓圈，看到每一個人的作

滿載讀書會成員心意的祝福曼陀羅。

品，真是滿滿的感動！

在所有治療結束之後，讀書會的成員替我辦了慶祝會，大家都好開心我的頭髮已經長出不少，我也決定不再染髮。同學們常常好奇新長出的頭髮是否跟之前一樣？我很喜歡摸自己的頭髮，感覺很細很柔，像是小嬰兒的毛髮似的。

追蹤檢查

正常的追蹤檢查每三個月一次，然後每半年一次。我的人工血管在二〇一五年五月六日移除，右邊鎖骨下方留下一個凹洞。但我已經非常開心了！保留人工血管一年期間，每兩個月要去沖洗一次，以確保它的功能良好。二〇一七年二月之後，醫生說以後我只需要一年追蹤一次！

跟所有的癌症病友一樣，我會在每次去追蹤檢查時非常忐忑，總是擔心癌症會不會復發或是轉移。但是我也告訴自己，就算是最壞的結果，只要持續追蹤檢查，發現的腫瘤一定還算是初期，所以去面對就好了，等醫生告訴我該擔心時再認真去擔心吧！

善用各方的支持與力量

我從六十歲開始參加雲門舞蹈教室為老人設計的熟年舞蹈教室課程。每週去上課一次，每次一個半小時。其實在二十年前，我就曾是雲門首席舞者李靜君的學生，我非常享受一邊運動一邊跳舞。

雖然內心一直批判自己運動不夠，但是我相信能安然度過癌症治療，這每週一次的課程絕對起了作用。因此在治療期間，除非真的爬不起來（剛注射化療針的第一、二天），否則我都會去上課。有些動作我會選擇性地做，有些就暫時不參與。不過每次上完課回家，都會在日記上寫著開心自己決定去上課。

雲門的課我不但繼續參加，有幾位同學還會在老師的指導下，排練新的舞步，雄心壯志去參加二〇一八年在澳洲舉行的世界舞蹈年會呢！

兒媳婦孟朮剛好在我家附近學打太極拳，問我要不要跟她一起學。我也是在化療期間，每週一次一大早去附近學校的操場學拳。至今已經連續到第四年了。一開始真是胡亂模仿老師的動作，然後逐漸熟悉每個招式，經過一年才學全了整套。在自己的手機中錄下練拳時的音樂，開始在家自己練習。有些招式還未能到位，不過已經可以配合呼吸，老師還要我們想像自己出拳時有掌風呢！我盡量每天打拳，也跟同學們一起團練，打完幾套下來總是一身汗，但身心舒暢。

不知是從什麼時候開始，大家都說要終身學習。六年前我在信箱中看到社區大學的招生廣告單，仔細地找著是否有我想學的項目。看到日本棉紙撕畫時，我想到小時候跟我的鄰居林幸子瘋狂著迷替紙娃娃設計服裝的往事。我們天天用色筆剪刀替紙娃娃換裝，一套又一套。剪好的衣服裝在一個原是裝熨斗的木箱裡。我想念那時用手玩紙玩色彩的觸感，就去報名參加了課程。這個課程我至今仍然在享受著。開課期間每星期一次，用手撕下一小角棉紙，貼出一幅一幅花卉、風景、人物或是動物。

就是在全心投入做棉紙撕畫時，我意識到，不論是否得了癌症，都不會影響到我去享受創作時的快樂，這件事也給了我極大的啟示。

我其中一個讀書會是在雪山隧道通車後開始的。多年來在宜蘭羅東有一群教育工作者，跟我有著連結。我們是透過宋慧慈每年在寒暑假辦的課程而認識、熟悉的。從前去一趟羅東挺費事的，雪隧開通之後，從我家搭客運一小時就到了。於是我參加他們已經開始多年的「客廳讀書會」，每個月去一次，一起讀跟心理學相關的書籍。

我生病治療期間，因為醫生囑咐我出門要特別當心，所以這個讀書會我缺席了幾個月。但是他們給我許多的支持與關愛，有一段時間，每隔幾天就會收到他們快遞寄來的有機食物，我也在身體狀況恢復到一個階段時，馬上歸隊。

至於「新視野讀書會」，是去加拿大上第三階段課程時組成的讀書會，因為這個課程也叫新視野，所以我們沿用其名。至今已經將近二十年，大家雖已各自忙碌，但卻捨不得解散，隔一段日子就會找個題目聚會一下。我的癌症也是大家聚會的藉口之一，他們的關愛與支持，常在我心。

美國之行

二〇一七年五月底，我到美國去旅行了二十四天。我原本只去東岸，但是心中掛念著從初中起就是同學，後來在世新又同學五年的玲，去年在飛回台北前因小中風而未能參加我們的同學會，我很想先去加州看她。在跟老同學咪討論之後，我決定提早飛去西岸。咪跟玲個子都比我高，少年時期我們曾擔心自己不會活得太長，因為沒見到高個子的老太太。咪的每個家——不論是台灣或美國，我幾乎都去過。她說最近又搬了新家，面對著一個人工湖，風景秀麗，邀我先去她家參觀新居，之後再一起去探望玲。

我偶然在網路上看到Ｕ２的Joshua Tree演唱會，從五月開始在美加巡迴，我很愛這張專輯，於是問會同去的楊嘉、小南、于婷要不要去聽演唱會。後來我們因緣際會地挑選了六月七日他們在匹茲堡的演出。然後又因為從匹茲堡到克利夫蘭只要兩個小時車程，而增加了六月八日去看搖滾樂名人殿堂（Rock And Roll Hall Of Fame）的行程，最後才飛去紐約。我們幾人因行程各自不同，最後約定五月底在華盛頓特區（ＤＣ）我妹妹家碰面。

打麻將

我出發前接到跟玲住很近的小毛的郵件，告訴我們玲的狀況還不錯，她們還常約著打麻將，只是她說話聲音較小一些，動作較慢一些。她說，等我到時，大家已經約好打牌的日期了，那天我可以幫玲砌牌。

我上一次打麻將，就是跟她們幾個，三缺一時非我不可時我才打。我對麻將不感興趣，是跟媽媽特愛打牌有關。我那時的解讀是她經常出門打麻將而不在家陪爸爸。

我問過媽媽，為什麼不在家多陪陪爸爸？媽媽說了兩個理由，一是爸爸認識她時她就是在牌桌上，二是她這輩子還沒胡過同樣的兩把牌，太有意思了。

不過我從青少年時期就立志絕對不要跟媽媽一樣迷上麻將牌，還認定了那是浪費生命的事。

如今我仍然不耐煩打牌，不過再也不自以為是地認為打麻將是浪費生命了，我尊重每個人對自己生命要做什麼事是可以自主的，所以愛打麻將的人就打吧！我也在這次幫玲砌牌並觀戰的過程中，了解到在牌局中運氣很重要，會不會觀察他人打出了什麼牌、可能聽什麼牌，又或者個性是偏向做大牌或是能胡就好，這些都會影響到輸贏。因為玲，我有機會在五十年後又跟這些老同學打了八圈麻將。

咪跟玲結婚時我都是伴娘，我結婚時小

我們是如此幸運，幾個老同學就是這麼一路走來，共度了生命中的各個階段。

毛幾乎是我的首席軍師，我的印象中只要她說好，我就定心了。

我們就是這樣一路走來，一起度過了生命中的各個階段，如今都成為高個子老太太——除了小毛外，她那時就愛坐在後頭跟我們一起玩。

我們還能經常安排一起度假，互相陪伴，真是好幸運啊！

手足情深

從西岸飛到東岸，一下飛機到提取行李處見到我的妹妹，馬上就跟她擁抱。

我的書稿，她常是第一個讀者，這次也不例外。她一收到就會馬上閱讀，然後給我真誠的回應。我是多麼感激有一個可以交心的妹妹。在她廚房的桌上，我看到她打印出來的我的書稿，才知道她本來還想幫我訂正錯字呢！

多麼感激能有一個可以交心的妹妹。

住在她家的日子裡，我們天天享用著美味的食物，也因為她的帶領與建議，我們在美國首都的行程幾乎很完美。之前還麻煩她幫忙上網訂購U2的門票，那天我們正在討論要買哪一區價位多少的票時，原以為可以慢慢研究的，卻不料一下子想要的票就消失不見了，原來是被買走了。於是我們必須立刻決定，馬上按下訂單。這次兩人一起訂演唱會票的過程，也是個驚險又有趣的經驗。

分離的那一天，她開車送我們到機場。跟她擁抱互道珍重的那一刻，我心中湧起一股十分複雜的情感，是愛，是面對分離的心酸，是珍惜這一生能成為親密姊妹的感恩，是對下一次相聚的期待！

意外的驚喜

到了匹茲堡，發現我們遇到當地每年一度的藝術博覽會，除了各地的藝品攤位與食物攤位外，還有大大小小的音樂會。當天在主舞台就有何內克指揮的匹茲堡交響樂團的演出。第二天晚上是英國藝人麥克・齊瓦努卡（Michael Kiwanuka）的演唱會。二〇一六年夏天意外在倫敦海德堡公園夏日音樂會初次聽到他的歌，就喜歡他的風格，因而上網搜尋他的資料。我好喜歡他說寫歌是因為想要溫暖自己的靈魂。沒想到這次可以在美國見到他，真是意外的驚喜！

U2的暖場樂隊又是個驚喜，因為每一場的暖場樂隊各自不同，我們根本沒有在意，到現場聽時才恍然大悟，這個團體原來早已知名。魯米尼爾樂團（The Lumineers）特具風味的演出，也讓我後來願意找出他們所有的歌曲，聽著、享受著，還追了一下連續劇《風中的女王》（Reign），為的是聽一下由他們做的主題曲。

到匹茲堡也一定要去探訪安迪·沃荷的美術館。我之前對他只有片面的接觸，現在更加了解他藝術的養成過程，以及他的個性與作品之間的關聯。很開心又可以多了解一位大師級的藝術家。搭乘早班灰狗巴士去克利夫蘭，雖然奔波有些辛苦，卻是非常值得的。

一九六五年夏天，我進中廣主持節目才十九歲，主持熱門音樂節目那麼久，這裡的「搖滾名人殿堂」是我一生至少要去一次的地方。整個下午，我都沉浸在回憶的氛圍中。

在一個展示區前，我看到了失事飛機的殘骸，上面正是奧蒂斯•雷丁（Otis Redding）的名字。我感到震驚！他搭乘的飛機失事是在一九六七年十二月十日。

電台新聞部同事隨時注意著幾台不停自動打印出來的電報機，有中央社、美聯社、法新社、路透社等。他們經常會把跟熱門音樂相關的外電放在我桌上，提供給我在當天節目中使用。

那天看到這則外電，我很難過但很鎮定地做了紀念奧蒂斯．雷丁的專集。平生第一次報導藝人英年早逝的消息，我一直到現在都還記得身體的、心理的感受，一邊深呼吸，一邊全身起雞皮疙瘩。

不論是在倫敦的West End或是紐約的百老匯，剛推出好看的歌舞劇基本上是買不到票的。我們在幾個月前就設定好目標去看《摩門之書》（The Book Of Mormon）和《怪靴子》（Kinky Boots）這兩齣歌舞劇。楊嘉幫我們挑了最好的座位，在劇場中全然享受著音樂、舞蹈、劇情的進展，經常笑中帶淚，然後帶著淚繼續的笑。

在「搖滾名人殿堂」裡，看見英年早逝的美國著名靈魂樂歌手奧蒂斯．雷丁的展示區。

在紐約，我們也去了幾乎每次必去的三個重量級的美術館和博物館（大都會、

MOMA、古根漢），其中最大的驚喜是在六月十三日，遇到了一年一度的Museum Mile活動，六點後第五大道長達一哩的封街，每個館都安排了精心設計的活動。可惜那是我們的最後一天，無法多做停留。

回顧此行，有友情，有親情，有音樂，有藝術，生命是多麼的美好！

未來的生命計畫

在治療癌症期間取消在深圳的課程，在醫生同意下從二〇一四年六月就開始恢復了。那年去工作了三個梯次。二〇一五年是民歌四十年，身為音樂人交流協會的常務理事，我參與了各種相關活動，忙碌的活動之餘，也沒忘記好好享受生活。同時我也告訴自己，活動是一時的，再亮麗的裝扮、再歡樂的場域都會馬上過去。我在意的是我的餘生還有什麼志業尚待完成。

在我生病治療期間，我的朋友馮仁厚就告訴我，他替乳癌病友協會已經做了五年的領導人訓練，問我等治療結束後，要不要加入乳癌病友協會一起做公益。二〇一五年冬天，我跟仁厚聯絡。他安排協會的執行長林葳婕跟我碰面談未來計畫。我們第一次見面是在十二月二十五日。

我在二〇一七年初有一篇文章記錄了這個過程：

二〇〇八年我終於結束台北之音的工作而離開廣播時，以為廣播就此會退出我的生活了，沒想到因為乳癌，加入乳癌病友協會，又有機會成為「牽手之聲——Can Cheers」網路電台的台長，再次展開另一段關於電台的夢想……

這個夢想的完成，首先要感謝同意一起來參與的電台界與音樂界的好朋友們，小南方林明樺與張小雯幫我們錄製了好多段好好聽的台呼音樂，阮丹青幫我錄了我的節目片頭音樂。

同是癌友的包美聖、何厚華；母親因癌病逝曾有深刻陪伴經驗的賴佩霞、姚黛瑋；很會說故事的張光斗，連同張小雯、阮丹青，是我們的堅強主持陣容。但是我最開心的是有病友在參加了我的課程之後，目前何元印已經固定主持節目了，另外有三位也固定每週編排音樂節目，訓練各地有興趣做節目的病友的課程，也會在來年分北中南持續進行，希望能培訓出更多的主持人來。

最有趣的是我們很可能成立廣播劇團，培訓課程會在最近逐漸完成，看到大家熱情參與學習，真是讓我感動！

我年輕時曾夢想自己到老了，滿頭白髮，大家叫我陶奶奶時，我都還一直在做廣播，是乳癌病友協會幫助我完成了這個夢想，感謝！

就在這個以服務癌症病友的網路電台，我再次擁有每個星期一個小時的節目，我沿用了之前曾用過的節目名稱「心情氣象台」。從二〇一七年三月起，又邀請馬世芳、楊嘉、蔣國男、吳建恆，每月一次播放各種音樂，八月又加入了傅薇、曾淑勤，DJ阿朮與DJ大雄輪流主持的音樂節目。更開心的是十月起，我們有了第一位用台語主持節目的黃菊秋。因為幫他人代打，我偶爾主持了一集音樂節目，非常享受做音樂節目的快樂，所以也加入他們，每五週做一次「音樂任意門」。取這個名字是因為我的皮包裡幾乎什麼都有，小南就說我是「陶啦A夢」，我有個音樂方面的任意門。

二〇一七年四月初，我剛好趕上在日本東京舉行的「David Bowie is」展覽的最後幾天。人並不如我想像的那麼多，不過我還是被夾在人堆中，隨著人群慢慢移動，不知不覺到走進販賣部時，看看手錶才赫然發現，我一個人在裡面竟然逛了差不多四小時。我看到了一個藝術家全然拓展的生命。許多過去我不曾注意到的故事，是如此的感動著我。

每個月做一次的「音樂任意門」節目，就在這樣的感動下，選擇做一集關於大衛・鮑伊的節目。

一九八三年，民歌手邰肇玫在香港發片，出版者之前曾邀我在他們的香港民歌專輯寫樂評，於是便邀我一起去幫小玫做電台宣傳。他問我們要不要在十二月八日去紅磡看大衛・鮑伊的「Serious Moonlight」演唱會。我依稀記得是因為前兩晚的票賣得太好，加場我們才趕上的。那天我們好開心，因為最後大衛・鮑伊上台說了他跟約翰・藍儂（John Lennon）在香港的故事，並唱了〈Imagine〉。

做節目找資料時，我才知道這首歌在香港並非是每一場都會唱的，因為一九八〇年十二月八日約翰・藍儂在他紐約的公寓前被槍殺，所以大衛・鮑伊那天特別唱了這首歌來紀念這位老友。當我在YouTube上再度看到這個影片時，全身起雞皮疙瘩，只想著：「我在現場！」

大衛・鮑伊在二〇一六年一月十日去世，享年六十九歲。他曾在二〇一五年十二月上傳網路的單曲〈拉薩勒〉（Lazarus），是他製作的外百老匯劇場同名戲劇主題曲，這齣戲首映時他去參加了，也是他生前最後一次出現在大眾面前。這首歌的單曲特別安排在他生日（一月八日）這天正式發行，他在兩天後去世。有人說，這首歌是他生前為自己寫的墓誌銘。我希望自己將來也可以那樣灑脫地告別人間。

〈拉薩勒〉

往上看，我在天堂
我有著不能被看見的傷疤
我有別人偷不走的經歷
每個人都認識我了
往上看，我有危機
我已經沒啥可失去的了
我在如此的高處我的腦子在旋轉
我的手機掉到下面去了
這不正像是我嗎？
當我到了紐約

我會過得像個國王
然後把我所有的錢都花光
我尋找著你（死神）的背影
不論如何
你知道我將會自由
就像那隻青鳥一般
那不正像是我嗎？
哦，我會自由，像青鳥一樣
哦，我會自由
那不正像是我嗎？

書出版前，真的沒想到會在二〇一七年八月得知我得到第五十二屆廣播金鐘獎的特殊貢獻獎，在九月二十三日的頒獎典禮上，我準備的得獎感言是這樣的：

我的廣播生命，從十八歲開始到現在七十一歲，從真空管收音機到電晶體，從

AM到FM，從熱門音樂到校園民歌，從流行網到青春網，從中國廣播公司到台北之音，最後，從實體電台到網路電台。工作方式也從錄音室到在家裡用電腦作業。似乎是見證了一部廣播史呢！

如今仍能在牽手之聲網路電台奉獻，在「心情氣象台」節目分享自己的生命故事，在「音樂任意門」節目介紹自己最愛的音樂，是少年時的夢想成真，實在是太幸福了！感謝一路走來的人與事！

在教學的過程中（不論是廣播課或是成長課），我常告訴學員，這些新的工具，剛開始用一定是很笨拙的，一定要經常練習才能更熟練。我自己也是透過練習才越來越熟練的。我真的很開心能持續地奉獻自己，把生命用在需要我的地方。

我現在常常提醒自己用平光鏡看這世界，我也可以隨時根據情境倫理來調整自己的觀點並做出選擇，我還可以在觀照他人也不拋棄自我的情形下繼續我的生命旅程。同時是老師也是學生，不斷的學習、分享、創作，生活更充實，生命更圓潤。

我無法決定我的未來，我只能決定要用什麼樣的態度來面對我的每一天。

River of Life

我無法決定未來，

但我可以決定用什麼態度面對每一天。

—— 陶曉清

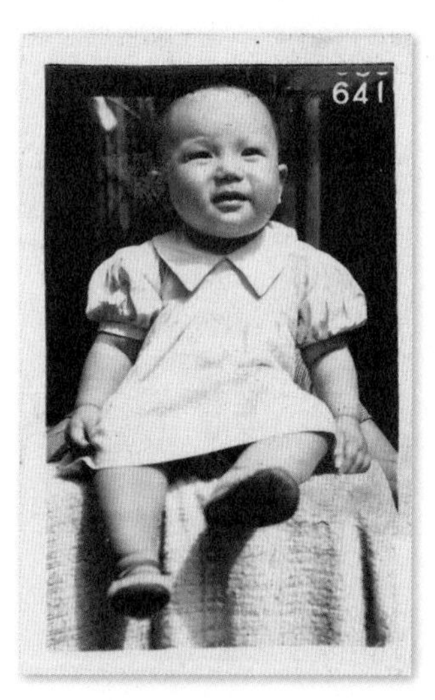

生命像是航行在一條蜿蜒河流上的小船，屬於我的這條小船停靠的第一個碼頭，就是剛出生時的家庭。媽媽說，我是在將近午夜時出生的，來到世界的那一剎那，正式展開我的旅程。

我的父親和母親，在初戀的時候就互相吸引，並在十九歲那年就結婚。他們常常告訴我們：「你們只要快樂健康就好。」

不知為什麼，小學時我老喜歡帶著小四歲的妹妹參加各種活動。

友誼豐富了我的人生，我很幸運，青少年時期就結交到一輩子的好朋友（左起玲、咪、我、小毛），至今還能經常安排一起度假，互相陪伴，維持深厚的交流。

一九六五年，我正式進入中國廣播公司成為節目主持人時，還在世新的五專讀五年級，這一做就將近三十年，一直做到四十八歲退休。

在台北之音電台工作時，面對生命中的重要課題——抉擇。我學會了接納現實，穿越失落的痛苦，高高興興往下一階段邁進。

沒想到因為乳癌，加入乳癌病友協會，又有機會成為網路電台「牽手之聲」的台長，再次展開另一段關於電台的夢想。

我的廣播生命，從十八歲開始到現在七十一歲，沒想到頭髮都白了，我還可以一直做廣播，並在今年獲得第五十二屆廣播金鐘獎「特別貢獻獎」，兒子馬世芳（左）也獲頒流行音樂節目獎，生命真是太完美了。

一九九六年八月與陳怡安老師（右）結下珍貴的師生緣，我幾乎上遍陳老師所有的課程，感激跟著他學習到的種種。後來還用「讀書結構法」研讀他的著作《人生七大危機》，這也是我第一次精讀它。也因為這個機緣，我決心把我的所學做一個統整，寫出了這本書。（左為馬來西亞電台主持人李觀發）

一九九二年初次到加拿大海文學院上課，在那次的課程中，不但結識了許多志同道合的朋友，也找到了自己的盲點，更清楚自己未來的人生方向。（左為馮錚、右為關神父）

我好喜歡大衛與珊蒂這兩個人真實呈現出彼此是重要關係的感覺，與他們一起時，可以充分感受到一起工作，一起玩樂，一起成長的樂趣。

瓊安是海文學院的教務長，因為她，我開始跟受到憂鬱症之苦的人工作；從她那裡，我也學會如何帶著敬意與各種不同的人工作。

在海文學院聽完黃煥祥（左三）與麥基卓（左四）的課之後，也激起我將來要找個搭檔一起帶課程的嚮往。

我曾有兩個夢想，一個是做廣播做到老，另一個則是當老師，如今這兩個夢想都實現了。感謝一路走來的人與事，我真的很開心能持續地奉獻自己，把生命用在需要我的地方。

感謝

這本書的出版，首先要感謝簡靜惠董事長的積極促成。你真是行動力第一名！也感謝你寫的序。

感謝文娟對我的鼓勵與支持，我因為你的肯定而決定跟著你。謝謝麗玲對我書稿的讚賞與意見，本書若是好看，你貢獻良多。當然還有多誠提出的許多企劃方向。每隔一段日子，我們會相約喝咖啡，你們中肯地提出對我書寫的意見，是我好享受的過程。

感謝我的老師們，我在給你們的信中，誠摯地表達了我的感激。

感謝我生命中最重要的家人（謝謝你們的序）、朋友和學生。我們能一起成長，一起開放，是我多大的福氣！

感謝幫我寫序及推薦短文的眾多好友：

二毛，你是我一直心懷感恩的工作夥伴，滾石的恩情我永誌不忘。

楊嘉，這次該我說了：「I'm so lucky to have you as my lifetime friend！」

蘇來，感謝一路共同成長，你在我的家庭重塑中扮演我的弟弟，還有那些我們曾一起讀過的書、看過的演出與去過的地方。

景淳，你演過年輕時的我，我也懷念我們一起的旅行。

小李，我感激你對我的信任，在根本不知道我這本書是在寫什麼的情況下，二話不說就答應幫我寫序。

建復，感激你接手音樂人並做得有聲有色，並同意把「牽手之聲」的節目放在你的愛播聽書平台。

萬芳，感激你一直那樣自如地呈現自己，看見你一路的成長，我與有榮焉。

綺貞，謝謝你對我的認同。我一直記得那年在深圳我們親切的對話。

佩霞，我要對你說：「生命中有你真好，愛你！」

姚黛瑋，對你是一切盡在不言中，你懂得的。

小南，好愛你寫來送我的歌，感謝你做我ＣＤ有聲書的製作人。

我也感謝我自己，能鍥而不捨地設定目標，並逐漸一一完成。

人生顧問 278

生命的河流——七堂關於人生的成長課

作者—陶曉清
全書照片提供—陶曉清
主編—李麗玲
責任企劃—金多誠
封面暨內頁設計—林秦華
排版—李宜芝
總編輯—曾文娟
董事長—趙政岷
出版者—時報文化出版企業股份有限公司
10803台北市和平西路三段二四〇號七樓
發行專線—（〇二）二三〇六六八四二
讀者服務專線—〇八〇〇二三一七〇五
（〇二）二三〇四七一〇三
讀者服務傳真—（〇二）二三〇四六八五八
郵撥—一九三四四七二四時報文化出版公司
信箱—台北郵政七九～九九信箱
時報悅讀網—http://www.readingtimes.com.tw
電子郵件信箱—ctliving@readingtimes.com.tw
時報出版臉書—https://www.facebook.com/ readingtimes.fans
法律顧問—理律法律事務所 陳長文律師、李念祖律師
印刷—和楹印刷有限公司
初版一刷—二〇一七年十一月三日
平裝定價—新台幣三八〇元
精裝定價—新台幣六五〇元
（缺頁或破損的書，請寄回更換）

時報文化出版公司成立於一九七五年，
並於一九九九年股票上櫃公開發行，於二〇〇八年脫離中時集團非屬旺中，
以「尊重智慧與創意的文化事業」為信念。

國家圖書館出版品預行編目（CIP）資料

生命的河流：七堂關於人生的成長課 / 陶曉清著 . -- 初版 .
-- 臺北市 : 時報文化 , 2017.11
面； 公分 . -- (人生顧問 ; 278)

ISBN 978-957-13-7183-2 (平裝附光碟片)
ISBN 978-957-13-7184-9 (精裝附光碟片)

1. 人生哲學 2. 生活指導

191.9 106018215

ISBN 978-957-13-7183-2（平裝）
ISBN 978-957-13-7184-9（精裝）

Printed in Taiwan